绝对成交
高效客户开发内训手册

[美] 杰布·布朗特（Jeb Blount） ◎著
刘 浩 ◎译

新世界出版社
NEW WORLD PRESS

Fanatical Prospecting :The Ultimate Guide to OpeningSales Conversations and Filling the Pipeline by Leveraging Social Selling ,Telephone,Text, and Cold Calling by Jeb Blount
Copyright©2015 by Jeb Blount.
This edition arranged with John Wiley & Sons International Rights, Inc., Hoboken, NewJersey
Simplified Chinese edition Copyright ©2017 by **Grand China Publishing House**.
This translation published under license.
All rights reserved.
No part of this book may be used or reproduced in any manner whatever without written permission except in the case of brief quotations embodied in critical articles or reviews.
Copies of this book sold without a Wiley sticker on the cover are unauthorized and illegal.

本书中文简体字版通过 **Grand China Publishing House**（中资出版社）授权新世界出版社在中国大陆地区出版并独家发行。未经出版者书面许可，本书的任何部分不得以任何方式抄袭、节录或翻印。

北京版权保护中心引进版权合同登记 01-2016-8439

图书在版编目（ＣＩＰ）数据

绝对成交高效客户开发内训手册/（美）杰布·布朗特著；刘浩译. -- 北京：新世界出版社，2017.9
 ISBN 978-7-5104-6167-5

Ⅰ.①绝… Ⅱ.①杰…②刘… Ⅲ.①销售－手册 Ⅳ.① F713.3-62

中国版本图书馆 CIP 数据核字（2017）第 101357 号

绝对成交高效客户开发内训手册

作　　者：	[美]杰布·布朗特（Jeb Blount）
译　　者：	刘　浩
策　　划：	中资海派
执行策划：	黄　河　桂　林
责任编辑：	贾瑞娜
特约编辑：	周丹丹　宋金龙
责任印制：	王宝根　刘　榴
责任校对：	宣　慧
出版发行：	新世界出版社
社　　址：	北京西城区百万庄大（　　0037）
发 行 部：	(010) 6899 5968 （0　　　/05（传真）
总 编 室：	(010) 6899 5424 （0　　　 6679（传真）
http：//www.nwp.cn	
http：//www.nwp.com.cn	
版 权 部：	+8610 6899 6306
版权部电子信箱：	nwpcd@sina.com
印　　刷：	深圳市东亚彩色印刷包装有限公司
经　　销：	新华书店
开　　本：	787mm×1092mm　1/16
字　　数：	260千字　印　张：20.5
版　　次：	2017年9月第1版　2017年9月第1次印刷
书　　号：	ISBN 978-7-5104-6167-5
定　　价：	45.00元

版权所有，侵权必究
凡购本社图书，如有缺页、倒页、脱页等装错误，可随时退换。
客服电话：(010) 6899 8638

权威推荐

迈克·温伯格（Mike Weinberg）
《销售就这么简单》(New Sales. Simplified) 作者

在本书中，杰布不仅告诉我们为何销售人员需要开发客户，更在书中详述了该如何有效地开发客户，提升销售额。

吉尔·康耐斯 (Jill Konrath)
著有《速售》(SNAP Selling)

在《绝对成交高效客户开发内训手册》一书中，你将会学到如何建立更多的销售对话、填满销售渠道、让你的钱包更鼓。杰布真实的建议为如今的销售人员和销售主管们敲响了警钟。

安东尼·伊安纳里诺（Anthony Iannarino）
"销售与17要素"博客博主

销售渠道的空缺一直都是困扰着无数销售人员和销售组织的问题。

杰布·布朗特在这部书中提供了解决这一问题以及提高销售业绩的有效方法。《绝对成交高效客户开发内训手册》是十足的实用手册。

"销售猎人"马克·亨特（Mark Hunter）
著有《高利润销售：价格不让步，如何在销售中稳操胜券》
（*High-Profit Selling: Win the Sale Without Compromising on Price*）

　　客户开发是销售活动中最令人生厌的环节，而杰布·布朗特却在书中颠覆了这一看法。他用富有洞见的观点、风趣的语言、专业的知识，写成了这部销售人员、创业家和执行人员必备的黄金训练手册。准备好接受更多销售策略和理念了吗？相信你一定能找到属于自己的位置。

丹·麦克斯（Don Mikes）
美国潘世奇物流公司高级副总裁

　　杰布在本书中所介绍的方法真的有效。如果你想让销售团队的销售业绩更加出众的话，那就给团队的得每一位销售代表买一本吧。

约翰·斯彭斯（John Spence）
著有《极其简单》（*Awesomely Simple*），全球100名商业思想领导者之一

　　我读了不下百本销售书籍，但本书绝对是上乘之作。如果你想确切地了解销售成功的秘籍，那你一定要读一读这本书。

胡兴都
深圳人生赢家教育培训有限公司CEO

　　在本书中，杰布·布朗特也指出了：随着各种社交媒体、即时通讯工具的普遍使用，销售人员能接触客户的渠道大大增加。借助这些

工具，同时综合运用多种客户开发技巧绝对能让你在销售工作中无往不利！

金诚义

"人生赢家商学院"联合创始人，社交网络营销顾问

在销售界，收入最高的销售一定是最会开发客户的销售。如果你正在为如何开发出更多的潜在客户而苦恼，那么《绝对成交高效客户开发内训手册》将能解你的燃眉之急。书中提及的每一条建议都极具可行性，能让你避开销售中的诸多雷区。

张云帆

湖北格绣文化传媒有限公司 CEO，大数据病毒传播专家

似乎受到经济形势的影响，很多销售人员发现销售这份工作越来越不好做了。客户量开始萎缩，订单成交量不容乐观，个人收入也受到影响。就算勉强维持住了客户，对方也不是很愿意掏腰包。可这绝不是故事的全部，《绝对成交高效客户开发内训手册》解析了真正的原因，并给出了解决方法。

推荐序 1

多管齐下，高效开发

深圳人生赢家教育培训有限公司 CEO

潜意识营销专家　胡兴都

对于销售人员而言，最恐怖的事情就数没有客户了。没有客户，意味着没有业绩，更进一步讲——也就没有收入。开发客户，永远都是销售工作中最首要的任务。然而，很多销售人员都有一个疑问："我到底应该怎样开发客户？"

准确地说，大多数人都在思考如何高效地开发客户。毫无疑问，陌生电访是每一个销售人员必须掌握的技能之一。遗憾的是，如今很多从业人员对此出现了抵触情绪。他们不喜欢打电话，因为恐惧来自电话另一端的拒绝。本书作者杰布·布朗特在书中提到了克服电访恐惧症和提高电访效率的高超技巧，将会让每一位销售人员重新认识陌生电访。

同时，随着各种社交媒体、即时通讯工具的普遍使用，销售人员能接触客户的渠道大大增加。大家都知道不要把鸡蛋全放在一个篮子里，把这个道理运用到开发客户的工作上来，就是要让销售人员多管齐下。除了陌生电访，每一封邮件，每一条短信，每一个点赞、评论和转发都是你锁定并拿下潜在客户的好机会。

其实，无论从事哪一种工作，仅使用单一的技能和方法很难高效地产出成果。作为销售人员，综合运用多种客户开发技巧绝对能让你在工作中无往不利！

推荐序 2

别做梦了，客户不会自己找上门来

《销售就这么简单》（*New Sales. Simplified*）作者
销售培训师　迈克·温伯格（Mike Weinberg）

整整 25 年来，我都盼望着有一本像《绝对成交高效客户开发内训手册》这样的书。如今，销售界比任何时候都更需要书中的珍贵建议和充满能量的信息。

本书作者杰布·布朗特（Jeb Blount）大胆地揭穿了某些新兴销售"专家"的谎言。这些所谓的专家尝试让众多销售人员相信，积极地开发客户已不再奏效。这种不负责任的言论误导了很多人。它让本在努力开发客户的销售人员认为，既然有"大师"提供了通向销售成功的秘诀，为何还要辛辛苦苦地开发客户、自己创造销售机会呢？既然发发推特（Twitter）、写写博客或在领英群组里发表一些言论和吸引人的文章、观点就会有客户找上门来，为何每天还要不辞劳苦地规划客户开发时间，冒着被拒绝的风险电访客户？

杰布在此书中也说了，销售工作没有捷径可走。这世上不存在销售必杀器或绝妙秘方，也没有任何销售工具、手段或某种新流程能保证你的销售渠道充满潜在客户。事实上，无论某些销售专家如何吹捧社交销售，无论集客式营销公司如何推销他们的产品，顶尖的生产者和销售人员依旧是那些自己承担起责任，亲自创造并甄选销售机会的人。

当一家公司的销售团队无法达成指标或发挥出最大潜力时，往往不是因为销售人员能力不足。其实，他们非常善于如何敲定交易、给客户提供解决方案、向客户提要求。换句话说，销售团队表现不好，极少是因为销售人员能力欠佳。对大多数销售机构而言，销售额之所以没达标、销售渠道里缺乏客户，是因为没有充分开发客户。

开发客户并没有没落，它依然是开启销售会谈和填满销售渠道最快速、最有效的方式。

杰布就是开发客户的能手。他之所以能成为销售领域的权威人物，因为他自己就是位销售明星，是位屡破纪录的优秀销售人员。他还曾领导过销售团队。后来，他更是创办了自己的公司，专门提供销售培训和人才管理服务，并且取得巨大成功。如今，杰布已经帮助许多销售机构做出了漂亮的业绩。此外，他每年还会在全球数百家公司进行演讲，传递鼓舞人心的金玉良言，分享快速达到巅峰工作状态的办法。

新交易，是所有公司的生命线。没有什么比电访潜在客户、与潜在客户开会交流和约定会谈时间更为重要的了。在本书中，杰布不仅告诉我们为何销售人员需要开发客户，更在书中详述了该如何有效地开发客户，提升销售额。

如果你是一名正致力于创造更多销售额的销售主管或销售人员，就绝不能错过此书。但我事先要告诉你，读完这本书之后，一切为自己开脱的借口都将不复存在。杰布完整地阐明了让销售额快速提高的办法,从我们为什么、又该如何打搅潜在客户,到在客户开发黄金时段内争分夺秒地电访。对每种能开启销售会谈、创造销售机会的客户开发渠道(社交媒体、电子邮件、电话、社交网络、熟人推荐、亲自拜访等),杰布都给出了实用的建议。

如果你从未开发过客户,或正在努力达到销售指标。那么恭喜你,你买对书了。我敢保证,只要你按照杰布的建议行动,一定能取得巨大进步。此外,如果你跟我一样,相信开发客户的效力并长期坚持,此书则会助你更上一层楼。

目 录

权威推荐

推荐序1

推荐序2

第1章　看清现实,成为狂热的"掘金者"　1

销售人员也有优劣之分。有的销售人员不仅业绩平平,还满腹牢骚;而有的销售人员不仅业绩喜人,还有着一股冲劲儿。后者被称为销售巨星,他们看似走上了通向成功的捷径,拥有某种秘诀。然而他们不过是接受了事实,狂热地开发客户而已。

4　巨星是怎样炼成的
6　销售已如此艰难,有些事必须拆穿
8　别再想捷径了,没那回事儿
10　狂热"掘金者"的7种心态

第2章　陌生电访,该还是不该?　15

似乎所有人都讨厌陌生的推销电话。这种普遍的态度让有的"专家"敢于宣称"陌生电访已死"。大波的销售人员也乐于奔向新销售方式的怀抱。毕竟,谁也不喜欢给陌生人打电话。然而,陌生电访真的已经"死"了吗?

17	你必须要打扰别人
18	拜托，人家并没有要拒绝的意思
20	你的问题在于想太多而打电话太少

23　第3章　多管齐下，平衡开发

"我就适合这么干"从销售员口中说出未必是好事。这意味着你限制了自己在开发客户方面的能力。很多销售员死守着一种方式去开发客户，这无异于把鸡蛋全放到一个篮子里。若想要创造不凡的业绩，必须掌握平衡开发法。

24	就这么干？就这样完蛋！
25	聪明点，把鸡蛋放在多个篮子里
26	别闹，你那是东施效颦

29　第4章　原地踏步是销售最大的困境

销售人员没有意识到存在于客户开发过程中的三大法则，这让他们屡遭挫折。他们会因为忙于客户管理，从而让客户开发工作停滞不前。销售们极度渴望拿下客户，却总是失败。他们仿佛走入了一个难以逃离的困境。

30	需求法则：怕什么，来什么
32	30天法则：欠下的，总是要还的
34	替代法则：不要让业绩"坐过山车"
36	你是这样走入困境的
38	越努力，越幸运

41　第5章　拿起笔来，记录你的数据

销售人员根据什么评估自己的工作？销售额、客户数量、佣金收入……这些都可以。放在纸上，它们就是一组组的数据。为何有的销售员有漂亮的业绩，有的却总是徘徊在低谷？因为前者时时关心自己的数据，不断做出调整。

43	像运动员那样关心自己的数据
44	数据是把尺子，衡量你的表现
45	醒醒！幻想无法拯救你的业绩

49　第6章　销售头上的"三座大山"

作为销售人员，请回想自己的工作情况。你是否把开发客户的工作一拖再拖？是否事事追求完美？是否总问"怎么办"？如果都回答"是"，那你正被"三座大山"压迫着！难道你很享受这样的状态吗？不，也许你只是不知如何反抗。

50	销售界里的拖延症重症患者
51	失控的完美主义
53	没完没了的"怎么办"
54	挑战自己，推翻"三座大山"

57　第7章　销售人员不得不学的时间管理术

销售每天都要做些什么？收集资料？开发客户？敲定交易？不止这些，开会、回邮件、回电话、处理上级交代下来的任务……琐碎的工作分裂了销售们的时间，严重影响了他们的业绩。他们的时间仿佛永远不够用，也许是他们不会管理自己的时间。

59	做自己的CEO
60	打响黄金时段保卫战
63	掌握委托的艺术
64	逼自己一把，设置冲刺时段
67	你不需要多任务处理
70	小心提示音，留住你的注意力
71	不要进去，邮箱是个坑！
73	用好白银时段，做好"后勤"工作
74	明确你的时间价值

79　第 8 章　开发客户的四大目标

毫无疑问,开发客户的终极目标就是与客户达成交易。但事情不是一蹴而就的。在开发客户过程中,销售人员需要给自己设置一个又一个的节点目标,有的放矢,让自己的开发工作更高效、更有收获。

- 82　开发客户不等于闲聊
- 83　约定会谈:把时间放到对方的日程表上
- 84　先遴选,再会谈
- 88　"别打烂球",找准出击时间
- 89　销售的终极目标——敲定交易
- 89　和客户混个熟脸

93　第 9 章　构建你的客户金字塔

面对一长串潜在的客户名单,你会先给哪位打电话?开头的第一位吗?不对,应该是先打给最有可能与你达成交易的那位客户。高价值的客户永远应该是销售人员的目标。只是,潜在客户的质量良莠不齐,似乎难以筛选。解决办法很简单——建立客户金字塔。

- 96　六层客户金字塔
- 99　没有优质名单,哪来优质客户
- 100　开发客户,赶巧不如赶早

103　第 10 章　用好你的武器——CRM

CRM 对销售人员有多重要?也许就像士兵手中的枪,武士手中的剑,是制胜法宝。用好了 CRM,能让你的销售工作事半功倍。可如果你把它当成可有可无的鸡肋工具,那你将失去最容易获取的竞争优势。

- 104　为什么说 CRM 是最重要的销售工具
- 105　做 CRM 的主宰者

| 106 | 垃圾桶里挖不出金子 |

109 第 11 章 让客户熟悉你，而不是远离你

请回想一下，什么样的客户最有可能接听你的电话、回复你的短信、通过你在社交平台上的好友申请？一定是对你有所了解、熟悉、信任你的客户！客户对你的熟悉度，从一开始就影响到了你是否能与之达成交易。所以，请记住：让客户记住并熟悉你！

111	跨过熟悉度临界点
111	5 个办法，提高客户对你的熟悉度
117	警告：找到平衡点

119 第 12 章 社交媒体，开发客户的新战场

对销售人员而言，社交媒体是继电话之后最重要的发明。如今，销售人员可以在社交媒体上收集客户资料、观察对手的动向、了解行业趋势，有时甚至能在上面达成交易。一股"社交销售"之风已经在销售界刮起来了。

122	死心吧！社交销售不是灵丹妙药
124	选择社交媒体：客户在哪儿，你就在哪儿
127	不做无用功：使用社交媒体的五大目标
136	成与败，关键在于五大行动
141	精力不够，工具来凑
143	主动 + 被动 = 完美开发力

147 第 13 章 如何机智地向客户传达信息

在和客户交谈时，很多销售人员都有被对方拒绝或打断的情况。客户似乎总是吝于把自己宝贵的时间分给销售一分钟，他们总是对销售做出不耐烦的反应。事实是，不是客户没有耐心，而是销售人员没有传达能吸引客户的信息。

XV

150	气场是最有吸引力的信息
152	别啰嗦，回答客户最关心的问题
155	客户有时间，你有足够好的理由吗？
157	善用同理心，制定桥接内容
163	别让外在表现出卖你的恐惧
168	比说话更重要的是闭嘴

171 第14章 不电访，无业绩

"陌生电访已死论"给了很多销售人员不给客户打电话的借口。他们并不是害怕打电话，而是害怕来自电话另一端的拒绝。准确地说，他们因为没有掌握正确的电访技巧，而丧失了自信。可是，电话仍然是最重要的客户开发工具。不打电话，如何创造业绩？

173	没人会接不响的电话
175	电话不是你的敌人，是你的同盟
176	当你讨厌打电话时
180	留出一个电访时段
181	五步走流程：让电访更高效
188	留下有效力的语言信息
190	让客户忍不住给你打电话
192	别挑时间，尽早吃下"癞蛤蟆"

197 第15章 让客户走心地对待你

没有什么比被客户拒绝，更让销售人员感到伤心的了。客户的拒绝，无异于一盆冷水，总能把销售们的热情给浇灭。可是有经验的销售是不会让客户泼出冷水的，抑或是他们有能力接住冷水。自如地应对来自客户的下意识反应、敷衍和拒绝，是对每个销售的基本要求。

199	拒绝你,不是在针对你
201	客户应对销售人员的套路
203	磨刀不误砍柴工,销售不打无准备的仗
206	奇袭三招式:改变客户立场
210	马死了,请下马

215　第 16 章　突破"看门人"的防线

如果要问销售们最讨厌谁,那可能就是在通往接触客户之路上的"拦路虎"。他们有可能是保安、前台、秘书、接待员……我们把这类人统称为"看门人"。"不行""不能""不知道"……是"看门人"的口头禅,想要绕过他们与客户搭上话,销售人员可要用点技巧。

217	只可智取,不能硬来
219	尝试拨打分机号
221	向同行求助,他懂你
222	一点鸡汤:坚持是最好的敲门砖

225　第 17 章　补上亲自拜访的短板

比起打电话、发邮件等方法,亲自拜访客户的成本似乎更高。因为在同样的时间内,销售人员能接触到的客户数量相对较少。可是,有些性质特殊的客户不得不亲自拜访。为了让客户开发的效能最大化,销售人员在亲自拜访过程中不得不"多留几个心眼"。

227	"亲自拜访客户最有效"是个伪命题
228	轴幅式客户开发
229	没把握好机会,到嘴的鸭子也能飞
233	亲自拜访客户的五个步骤
235	眼观四路,嘴问八方

239 第 18 章 重新打磨你的邮件发送技能

随着网络技术的发展，我们可以在很多平台上收发带有"邮件"性质的信息。销售人员更是利用这一便利，让自己的推销信息无孔不入地进入客户的网络领地。可这些"邮件"往往只有一个待遇——被无视。当销售人员掌握了正确的邮件发送技能，待遇肯定会不一样。

- 241 | 用邮件撬动客户的三大法则
- 250 | 优质邮件，始于计划
- 253 | 让邮件更具开发力的四大要素
- 260 | 练习，练习，反复练习
- 260 | 没有最佳发送时间
- 261 | 你要点击"发送"了？先停停！

263 第 19 章 小短信的大用处

如今，诸多即时通讯工具的出现似乎让手机短信被冷落了不少。很多人已经不习惯于用手机短信进行交流，但这并不意味着手机短信就可以退出历史舞台。对销售人员而言，手机短信是绝不能放弃的客户开发工具。

- 265 | 用短信与客户套近乎
- 268 | 什么时候发短信？触发性事件发生后！
- 269 | 持续战术，让对方没有说"不"的机会
- 271 | 七大法则，写出高效力短信

275 第 20 章 除了技巧，更需要意志

销售绝不是个轻松活儿，他不仅考验销售人员的业务技巧，也考验着销售人员的意志。能在销售这条路上走得长远的从业人员，都有着坚韧不拔的意志。坚韧不拔的意志不是天生的，是靠着后天努力练就的。想要做好销售，请先磨炼意志。

278	选择平庸，就是选择放弃
281	是什么支撑着销售？
291	相信自己会赢
293	永远寻找更高的目标
295	结语 你到底有多想赢
301	特别提示：可免费获取的客户开发资源
303	致谢

第 1 章
看清现实,成为狂热的"掘金者"

销售人员也有优劣之分。有的销售人员不仅业绩平平,还满腹牢骚;而有的销售人员不仅业绩喜人,还有着一股冲劲儿。后者被称为销售巨星,他们看似走上了通向成功的捷径,拥有某种秘诀。然而他们不过是接受了事实,狂热地开发客户而已。

> 不要忽视去做那些简单的、基础的、"容易的"但有可能是改变人生的事。
>
> ——吉姆·罗恩

销售人员有很多种：有的非常糟糕，有的锲而不舍、能力出众，还有的业绩平平。最优秀的销售人员通常被称作销售巨星。很多公司和销售机构会花费数十亿美元来甄别、招聘、挽留销售巨星，还试图通过培训复制这种难以捉摸的顶尖销售人才。

它们为何下此血本？因为这些人仅占全部销售人员的20%，却创造了销售行业中80%的业绩。

销售巨星的收入远远超过普通的销售人员，他们把所有可能拿到手的佣金和奖金统统收入囊中。同行的失利者们渴求的酬谢金、额外红利、旅游机会和业界的认可，巨星们一个不缺。

这些巨星可不是昙花一现的奇迹，他们能够年复一年地取得傲人业绩，长期雄踞食物链的顶端。为什么呢？因为销售巨星们非常擅长销售。他们天赋异禀，技巧娴熟，具有超强的竞争力，并且总是斗志昂扬地想取得更出色的业绩。他们深谙销售之道，也懂得如何把控销售过程、提出高水准问题、发表制胜演讲和利索地敲定交易。极高的情商、杰出的察言观色技巧和必胜的心理也是他们取得成功的利器。

无数销售人员也都与销售巨星一样：踌躇满志，渴望成功；也有天资、有学历、熟悉业务程序、会开口谈生意。他们具备一定的竞争力，也在不断努力成为业界翘楚。但跟销售巨星比起来，这些人总是略逊一筹。

许多销售和管理人员百思不得其解：为何会出现上述情况？为何20%的销售人员能够持续地创造如此巨大的业绩？他们的疑惑大致有以下几点：

※ 人力资源经理们总是花大笔的钱，以复杂的流程来评估、聘用销售员。到最后却总是沮丧地发现：新销售员的业绩依然低于预期。

※ 各路学术研究团队费心费力地寻找能将所有销售人员变成销售巨星的圣杯①，还钻研着该如何给企业高管们开出他们急切索要、但没实际效果的空头支票。

※ CSO（首席战略官）和销售副总们一直都在追逐流行新趋势，每当看见有些专家的意见当选为"年度最佳销售建议"时，他们就迫不及待地盲从、跟风。也许他们期望那些漂亮话能够拯救自己岌岌可危的销售团队。

※ 许多销售人员和企业家都渴求在销售中取得持续成功的秘诀，从而确保自己稳定的收入来源。然而这些秘诀总是遥不可及。

---

① 圣杯（the holy grail）的传说来自于基督教，传说那是耶稣在最后的晚餐中使用的绿柱玉琢的酒杯。在罗马帝国灭亡后欧洲黑暗时代的亚瑟王传说中，寻找圣杯则成为骑士们的最高目标。现今常常被用来代表众人追求的最高目标。——译者注

巨星是怎样炼成的

其实，成为销售巨星的方法非常简单。但记住：原理虽易，实践不易。在阐述此原理之前，我们要先明白一个道理：如果一个真理过于明显，就容易被人们忽视。同理，许多本来前程大好、才华横溢的销售人员忽视了一个浅显的道理，导致他们在工作中惨遭挫折。这也导致企业经营一败涂地，许多商家无奈关门大吉。

让销售巨星从普通销售人员中脱颖而出的秘诀到底是什么？为什么他们就能长期雄踞业绩榜首？答案就是——狂热地开发潜在客户！

销售巨星都是锲而不舍的"掘金者"，只不过他们挖掘的对象不是黄金，而是潜在客户。他们总是在不断寻找，如真正意义上的"掘金者"一般：坚持不懈地移开一块又一块碎石，铲出一把又一把的泥土，只为寻找更多隐藏的宝矿！销售巨星夜以继日地探寻潜在客户，已经达到了狂热的地步！

之所以选择"狂热"一词，是因为我喜欢它的释义：全心投入，达到极致的热情。

顶级巨星把开发客户当做一种生活方式。他们热衷于用电话、邮件、登门拜访、跟踪线索、参加展销会、与陌生人交谈等方式不断寻找新客户。他们在开发客户的过程中总是全神贯注，毫不在意别人对自己的看法。

※ 他们不会找借口说："等等，现在打过去不是时候，他们可能正在吃午饭。"

※ 他们不会抱怨说："都没人回我电话！"

※ 他们不会发牢骚说："线索太差劲了！"

※ 他们不会活在害怕中，不会担心："如果她拒绝的话，我该

怎么办？"或"如果我打过去不是时候，该怎么办？"
※ 他们不会拖延，销售巨星从来不说："我现在没时间，明天再跟进。"
※ 他们懂得抓准时机并果断出击，因为他们知道"雨天"将至，潜在的客户将很需要他们兜售的"雨伞"。
※ 即使时机欠佳，他们也依然坚持开发客户。因为他们明白，"狂热地开发客户"才是一名销售的生存之道。
※ 即使在状态低迷的时候，他们也坚持去做。因为在热情的驱使下，他们会保证自己的销售渠道时刻满满当当。

这些狂热的"掘金者"随身携带着自己的商务名片。无论是在医生的办公室、体育比赛的观众席上、电梯里、会议中、飞机上、火车上，他们总会与陌生人——他们眼中的潜在客户交流、交换名片。

清晨，他们一起床就用电话开始"轰炸"这个世界。白天，他们登门拜访客户；会面的间隙，他们用邮件和短信与其他客户维持联系；夜里，他们就用社交媒体与潜在客户建立联系。哪怕是到了下班时刻，他们也要争分夺秒地用电话结束一天的正式工作。

这些狂热的"掘金者"总会想：我要再打一通电话。

人离不开空气，销售巨星离不开开发客户。他们时刻不忘此事，也不会怨天尤人。他们不会因为没有足够的线索就像小女孩儿般哭哭啼啼，也不会因为没有客户就在茶水间向同事大倒苦水，更不会把责任推给销售经理、公司、产品、服务或宏观经济。他们独当一面，敢于承担起责任，总是以行动代替牢骚。即便没有找到客户的线索，他们也能通过辛勤工作创造线索；就算运气不佳，他们依然坚持直至好运降临。

销售巨星深知，销售之所以失败，并不是因为自己天资缺乏、技巧生疏或训练不足；也不是因为行业不景气或产品质量低劣。大多数时候，寻求和敲定业务的程序、欠佳的沟通方式也不是失败的主因，"销售经理很糟糕"更不是理由。

销售失败的首要原因，是空白的销售渠道。这只能归咎于销售人员没有好好开发客户。听起来很残酷，但这是事实。

无数的销售人员和销售领导们只看到了销售巨星的销售业绩，却对其取得成功的原因视而不见。他们不愿意接受其成功的秘诀是狂热地挖掘潜在客户。相反，他们一直在做堂吉诃德式的无用功，把时间浪费在追求销售界的"银色子弹"①、秘密公式，幻想自己毫不费劲地就能在成功的海洋里徜徉。

销售已如此艰难，有些事必须拆穿

"想轻松减肥吗？"宣传海报上写到，海报上身材绝佳的模特展示着自己线条分明的腹肌，"还在苦苦健身，为体重而烦恼？忘掉痛苦的健身吧！服用我们的革新性药物后，您再也不用担心自己的体重，想吃什么就吃什么。现在立刻购买我们的产品，您就能拥有梦寐以求的完美身材！"

如果上面这则夸张的广告没有效果，无法让消费者掏腰包，产品厂商就会把钱花在别的地方。但类似的广告仍铺天盖地地出现在我们面前，说明它们确实能起到宣传效果。

乔·德塞纳 (Joe De Sena) 在其著作《斯巴达崛起指南：如何"不留活口"地克服障碍、达到巅峰状态》(*Spartan Up: A Take No Prisoners Guide to Overcoming Obstacles and Achieving Peak Performance*) 中说：

---

① 在欧洲传说中银色子弹 (silver bullet) 被认为是狼人和吸血鬼的克星，是杀死狼人的唯一方法。它专门对付妖怪，具有驱魔的效力。现在经常被认为是"致命武器"的代名词。——译者注

"简单轻松的方法，最能引消费者上钩。"各大生产商总是声称自己的产品能助人轻松减肥或轻松致富；并一遍遍地强调使用者不用经历苦楚，不用付出努力，无须做出牺牲。即便大部分人凭直觉就知道这是夸大其词的宣传，可总有人会上钩，因为渴望轻松减肥是人的天性。

让我失望的是，当今销售界有不少销售人员也抱着这种"求轻松"的心态。他们总是在追寻轻松成功的秘诀。也许是受这种心态的影响，他们总觉得外界欠了自己什么。于是，他们开始了无穷无尽地抱怨：抱怨公司、同事、客户、客户关系管理系统(CRM)、产品和价格……

看好了，这是第二个残酷的事实：销售界里没人欠你什么！所以别再抱怨了，是时候走出办公室，努力地把事情做好。作为一名销售人员，你必须自己开口谋求生意：亲自给客户打电话、登门拜访、做介绍陈述。销售可不是一份朝九晚五的工作，既然选择了销售这份工作，你就该明白：每天24小时都是工作时间，没有午休，也没有休假。优秀的销售在吃饭的时间依然努力工作，因为他们明白要成功就必须付出相应的代价。

在销售工作中，如果你抱着一颗玻璃心，当然会发现很多可抱怨的事情。但没办法，这就是销售，有着种种障碍和困难：糟糕的经理、粗鲁的客户、不完美的产品和服务、变动的委任计划……还有他人的拒绝、难啃的苦差事等。只要你还是一名销售人员，就注定离不开这些。如果真要抱怨的话，你大可什么都不干，抱怨个够。但相信我，这样下去，受伤的将是你自己。

所以，请不要再觉得有什么秘诀能让开发客户的过程变得简单。也不要抱怨，不要再悲观地想：我宁可跳进有大白鲨的水族箱，也不愿去开发客户。

成为销售巨星的第一步，就是接受事实——销售是一份艰辛的工作。只有接受了这个事实，你才能调整心态、安定情绪。对销售们来说，轻松是平庸之母；而平庸，就像一个破产的人，一旦他搬进你家，就别想他再搬出去了。

做好心理准备后，你需要努力维持良好的心态。记住，无论是在工作或生活中，你真正可控的只有3件事：

1. 你的行动。
2. 你对外界的反应。
3. 你的心态。

是的，就这3件而已。所以，与其抱怨你无法控制的事，不如把精力花在你可控的事情上——做出选择（是选当下的安逸，还是高人一等的收入）、调整心态、控制情绪、明确目标、坚定信念、自律自强。

别再想捷径了，没那回事儿

在成为一名合格的、狂热的客户"掘金者"之前，你必须知道"掘金"的过程注定艰苦，被拒绝更是家常便饭。

恕我直言，开发客户就是一件苦差事。这也是为什么有那么多的销售人员从来不碰这一块，他们宁愿把时间和精力用来寻找秘诀和捷径等那些虚无缥缈的东西。有些人甚至完全无视客户开发这一环，直到酿成大祸才如梦初醒。

但是，如果你有成为一名销售巨星的野心，如果你想拿他们的高薪、过他们的生活，就必须克服自己心理上的障碍，接受开发客户是一件苦差事的事实。想拿高薪、住洋房，你就得持之以恒地开发客户。

吉姆·罗恩 (Jim Rohn) 曾说："不要老想着如果事情简单点该多好，而要思考为何自己能力不足。"而我在此给出承诺，如果你采用了本书中提到的技巧，你的能力将有很大提升。

你可能会问："书里的技巧真能提高开发客户的效率吗？"答案是肯定的。你将在本书中学到怎么用更少的时间开发更多的客户。在迅速完成开发客户的苦差事后，就是你们喜欢的环节：与客户会面、了解信息、做产品介绍、提议、谈判、敲定交易，最终把佣金拿到手。

你可能还会问："书里的技巧真能提高开发客户的成功率吗？"放心好了，我将助你从开发客户中获取最大回报。你将学会与潜在客户的面谈技巧，这有助于你大大提高开发客户的成功率。换而言之，你会取得更好的成果，销售业绩会扶摇直上。

可能还有人会问："书里的技巧能不能让我永远不再被拒绝，让客户开发过程变得甜美愉悦（这词引述自另一位销售书作家，他声称能让开发客户的过程变得'有趣又简单'）、不再枯燥、让我从心底里享受呢？"

对这种问题，我必须说："不能，我的书没这种神奇效果。"

我不打算对读者撒谎，所以我不会向你承诺我能把开发客户的过程变得简单，助你一劳永逸、永不被拒。我也不会承诺把这一过程变成你感兴趣的事物。再说一次：是改变心态行动起来，开始接听电话、接触生人、把情绪放在一边，还是继续怨天尤人，必须由你自己决定。

好了，残酷的事实又来了：销售是没有捷径的。开发客户确实让人身心俱疲，但这是你获得高收入的必要代价。

你问我为什么如此笃定？我自参加工作以来就在销售界的战场上摸爬滚打。毫不夸张地说，我完成的大宗交易、取得的嘉奖与成就多得自己都数不过来。我也是从零开始，但我签下的第一单生意就价值数百万美元。后来，我在竞争激烈的销售界里生存下来，并一路做大。至于原因，很简单，我不断告诫自己：必须不停地拨通电话，除此之外别无他选。

现在的我已是业界认可的销售专家，很多人付给我大笔的钱只为让我教他们一些我早已知道的知识。单单是佣金这块，我已经拿了几百万美元。豪宅、豪车、私人游艇，我一样不缺。这些是一个真正意义上成功的销售人员消费得起的东西。这些财富都是对狂热"掘金者"的嘉奖，所有都是！我的收入离不开狂热地开发，但我不得不承认开发客户依然是最艰难、最让我苦恼的销售环节。

我以过来人的身份向你们表示：比开发客户有趣的事情多了去了，但它未必能给你带来高收入。而我与大多数人的区别就在于，我接受了这个事实，无论多不喜欢，我还是会硬着头皮去干。

狂热"掘金者"的 7 种心态

成功是会留下印记的。无论是古代的思想家还是当代的成功人士，他们都说过类似的话：没有必要刻意去"标新立异"。研究成功人士的案例后你会发现，成功是有模式的。效仿这些模式，你也能像他们一样取得成功。

建立并维持狂热"掘金者"心态是在销售界取得成功的终极密匙。这种心态能让你集中精神、百战不殆，让你明知会遇到挫折、挑战，依然勇往直前。保持狂热"掘金者"的心态，你就能在逆境中迎风而立，不再畏首畏尾、停滞不前。

我一生都在研究狂热"掘金者"。一路走来，我发现这种人存在 7 种典型的心态。这些也是他们成功的印记，只要能复制他们的心态，就能填满你的销售渠道，让你的销售业绩大增。

1. 乐观的心态：狂热的"掘金者"认为乐观心态是成功的前提之一。他们知道，以受害人自居，整天把不幸写在脸上的人不可能成为独当一面的销售。狂热"掘金者"每天都斗志激昂，永远是一副精力十足、准备大干一场的架势。他们时刻准备着主动出击。在他们看来，新的一天意味着新的契机。于是他们把握着每一天，将愁眉苦脸、怨声载道的同行甩在后面，以无与伦比的动力投入到一次又一次客户开发中。即便遇上特别糟糕的日子，他们还是能够从内心深处找到平日积蓄的热情与力量。然后在自我激励下，多打一通电话。

2. **竞争的心态**：狂热"掘金者"不以普通销售的眼光看待客户开发。他们有着强烈的好胜心，为赢过他人，他们会不择手段。痛苦枯燥的客户开发是他们赢得竞争的法宝。每天早上一起床，他们就盘算着如何争抢到最有潜力的客户。在每一轮竞争中，他们以狡黠的计谋与不服输的劲头力压对手。

3. **自信的心态**：狂热"掘金者"在开发客户过程中时常保持着自信的心态。他们期待着成果，也相信胜利的天平会倾向自己这边。在历经磨炼后他们已变得坚韧不拔，能从容处理恐惧、焦虑等影响工作的情绪。利用自信与自控，他们总能够说服潜在客户牺牲一些时间与资源，来与自己会谈。

4. **百折不挠的心态**：狂热"掘金者"对成功的渴求超乎常人。为达成目的，他们锲而不舍，百折不挠。他们对"坚持就是胜利"这一道理深信不疑。也许，被拒绝对别人来说仿佛是浇灭斗志的一盆冷水，对他们来说却是强大的燃料补给。越是被频繁地拒绝，他们就越坚信，自己离下一位握手成交的客户又近了一步。

5.求知若渴的心态：狂热"掘金者"对外界的反馈与指导永远持欢迎态度。无论是纸质书、有声书、博文、在线培训、还是线上研讨会，都是他们吸取知识的宝库。他们永远坚信每件事都有其发生的原因，包括自己经历的挫折。就算是遭遇挫折，他们也不会自怨自艾，而是把挫折当成学习机会，让自己更加优秀、成熟。

6.追求效率与条理的心态：狂热"掘金者"能够以与机械媲美的效率有条不紊地工作。他们对工作的每个流程都了然于胸，就像专业运动员能毫厘不差地做出各种基本动作。他们会把黄金时段留给最重要的工作，能够排除外界的干扰，以极高的专注度进行工作。他们会像机器一样系统地整理潜在客户资料，从而遴选出价值更高的目标。他们总在争取以最高效率完成工作任务，用比别人短的时间，达成比别人多的销售额。

7.适应的心态：狂热"掘金者"能够敏锐地观察周围的环境。正因如此，他们能够快人一步地适应不同环境，在必要情况下也能迅速做出转变。具体来说，他们采取这样一种三步走原则：先接受，再适应，最后变熟练。他们会改变自己以追上新思想与新做法的脚步，然后在实践中一步步将吸纳的精华运用得炉火纯青。狂热"掘金者"总在尝试新事物，保证自己能融入环境，而这都是为了让销售渠道时刻保持充盈。他们从不守旧，很爱尝试新技巧、新技术和新策略。

我敢保证，你所在的小镇、城市或公司里收入最高的全职销售必定是我所描述的狂热"掘金者"。不论是保险、房地产、软件、手机、汽车、医疗服务还是药品，所有行业、所有公司都存在着拥有上述 7 种心态的狂热"掘金者"。

在阅读后面的章节时，请时刻联系这 7 种心态，并以此为基准，评估自己的心态是否还有改进的空间。

第 2 章
陌生电访，该还是不该？

似乎所有人都讨厌陌生的推销电话。这种普遍的态度让有的"专家"敢于宣称"陌生电访已死"。大波的销售人员也乐于奔向新销售方式的怀抱。毕竟，谁也不喜欢给陌生人打电话。然而，陌生电访真的已经"死"了吗？

生存还是毁灭,这是一个问题。

——莎士比亚《哈姆雷特》

现在,到处都有所谓的专家在宣扬:陌生电访(clod calling)已然过时。在他们看来,集客式营销①(inbound marketing)才是当下的主流,才是与新时代契合的销售方式。那些被集客式营销概念冲昏了头脑的傻子总是尝试说服你:除了他们宣扬的几种"新方法",你所知道的一切销售方式都已过时。然后,他们就会让你付钱购买他们的东西,并承诺使用后就有客似云来的效果,你能永远告别开发客户的烦恼,再也不用出去找生意,不用主动接触潜在客户,不用担心被拒绝。

这些人利用了大部分销售人员不想主动开发客户、不想打陌生推销电话的心理。于是你购买了他们的最高机密系统,愉快地把推销博文发布在个人社交主页上。能看到你博文的,大多是走完了70% 销售

---

① 集客式营销是一种主动营销策略,透过各种不同的管道做到分众且精准的网络营销。这是科技信息发展在营销界的影响产物。网络给予了消费者寻找、购买和研究品牌及产品的替代方法,从而使新的传播方式——集客式营销,成为一个更好的营销模式。——译者注

流程（还有可能是 57%？68%？我从来不用，所以不清楚最新数据）的客户。时机成熟时，客户们就会主动致电。你只需要接听来电、检查新邮件（或新私信），然后像变魔术一样瞬间敲定交易。这就是集客式营销的拥趸向你宣传的简易销售方式。既然有这种"灵丹妙药"，为何还要辛辛苦苦开发客户呢？你只需要两腿一伸，靠在椅背上，悠然自得地等电话响就好。

恭喜你，就此进入了奇幻世界。

有的人让你别再打电话，也有自诩为陌生电访大师或女王的人让你疯狂拨号。他们到处宣称陌生电访才是开发客户的王道。他们也兜售所谓的最高机密公式，声称只要销售人员照搬公式，就再也不会被客户拒绝。不仅如此，还能让准客户接听之后狂喜不已，保证电话一打，马到功成。

这两种极端，就像扭曲的、销售版哈姆莱特的经典自白：陌生电话，打还是不打？

你必须要打扰别人

有不少所谓的大师和思想领袖在为"到底要不要陌生电访"吵得不可开交。其实这种争论毫无意义，因为他们要么在语义学层面上探讨陌生电访到底有多"冷"（cold）？要么就是不切实际地讨论如何才能不主动给客户打电话，就会有生意送上门。

如果你想在销售界持续取得成功、想要提高你的收入，你就必须打扰准客户。你必须主动拨打号码；必须不请自来；必须发邮件、发短信；必须用领英(LinkedIn)、Twitter、Facebook 等社交媒体打扰陌生人。至于这种行为叫什么，都无所谓。

那些被你"打扰"的对象可能是刚填了你在线表格的访问者、刚在社交网站上通过了你好友申请的网友，也可能是你数据库中的潜在客户、你顺便调查的一家新公司、你想再次联系的老客户或者是你在展销会上刚认识的潜在客户。

无论在何种情况下，不变的事实是：你必须在与对方没有事先约定的情况下，打电话过去打扰他们，清楚地表达你想让他们做什么。

这就是"陌生电访已死"论者所忽视的方法。不管你听谁的，不管你是买秘密系统还是秘密公式，开发客户都不会变简单。电访是陌生是熟悉都不重要，真正重要的是你作为一名销售，到底愿不愿意、有多愿意去打扰别人。

而现实恰恰是大部分销售人员不惜一切代价，去避免打陌生推销电话。毕竟，与主动打给你的客户交流要更容易。但问题是，大部分销售公司的知名度都不高，主动送上门的客户寥寥无几。而且，你要知道靠引进客户、被动接听客户电话的销售，收入远不如主动出击、创造机会、敢于打扰客户的同行。

举例来说，我有个客户每月花 120 万美元给公司的集客式销售团队提供潜在客户。但这依然不够，团队里的销售人员有超过一半的工作时间里没活干。想要完成工作目标，他们就必须主动致电目标客户。

我还有个客户，通过强力的集客式营销手段和传统宣传方式，能持续地吸引到客户。但是，他永远接触不到行业里购买力最强的客户。因为真正的大客户根本不会理睬集客式营销和传统宣传手段，他们总是被那些主动出击的销售人员拿下。所以，要想跟这类价值极高的客户坐下来谈生意，唯一的办法就是主动去接触他们、打扰他们。

拜托，人家并没有要拒绝的意思

打扰别人确实很尴尬，也很难下手。因为你不能控制别人的反应。

这种未知让我们心生恐惧，变得脆弱，迟迟不敢行动。

潜在客户在接听电话时，一般会下意识地敷衍，这是无声的拒绝。讨厌被拒绝是人的天性，毕竟人是群居的动物，我们在内心深处都渴望被接纳。正因如此，大部分销售人员宁可把时间荒废在寻找借口上，也不愿去开发客户。

一年前，我有个客户想要设立一个对外的客户开发小组，找回那些久未联系的老客户。为此，他聘用了些没有经验的新销售代表来打电话。

我在培训他们时观察到，这些销售新手对未知的事情非常在意。即使对方是有过成交往来的老客户，他们依然不停提问，以确保在打电话之前摸清情况，让一切按计划进行。他们一遍又一遍地演练，到了实战环节，却显得犹豫、紧张，迟迟不敢拨通电话。

要知道，对方不是陌生人，是跟公司做过生意的顾客，都有档案记录。这已算得上是"暖呼叫"（warm calls）。但即便如此，有两个新人还是特别焦虑不安，好像对方是十分"冷"的客户。

于是我给他们进行了示范：我对照着名单拿起电话，开始淡定地拨号码。电话接通后，对方的态度平易近人，并没有觉得自己被打扰，更没有因此而发怒。有些客户还告诉我他们下次的购买窗口期。我一共致电了25位老客户，其中的3位表示自己已准备好再次购买。

学会了如何打扰不活跃客户、如何开始销售会谈后，这些销售新手进步得非常快。现在，他们团队的每周销售额可达10万美元，是去年我的客户群中最成功的新销售团队。他们已不再局限于老客户，公司数据库中的客户都是他们的目标。

我看过不少销售人员在接触成熟潜在客户（指经过集客式营销、熟人推荐、展销会交谈等预热程序后，已经非常容易沟通的准顾客）时表现出同样的焦虑情绪。有的销售人员，甚至在对当前客户进行交叉销售时也会这样。总之，他们深陷于焦虑和迟疑的泥潭，两眼盯着电话，就是不敢拨出。

数月前，我与一个保险公司代理团队展开了合作。他们是业内最负盛名的公司之一，其任务是照着名单向公司当前的客户致电，明确产品覆盖范围，确保没有疏漏，同时寻找适合交叉销售金融产品的契机。

其实要低调而自然地向当前客户推荐其他产品非常简单，请看以下示例：

> "你好，罗杰！我是××机构的杰布。我想跟您说下，我重新检查了一遍您购买的保险范围，发现您还没购买超额损失保险。为了帮您和您的家人把潜在风险降到最低，所以能否跟您约个时间谈谈您目前的状况，看看还有什么保险疏漏。您觉得周四早上11点方便吗？"

即便如此简单，保险代理们也有各种不愿打电话的借口。其中一人甚至向我抱怨道："陌生电访可不是我的工作内容。"我礼貌地向他解释道，对方是熟悉你、正在跟你做生意、肯定会接电话的客户，打给他们可不是陌生电访。把这称为陌生电访，无异于指鹿为马。

你的问题在于想太多而打电话太少

现在，许多人，包括我刚提到的专家和保险代理，他们都没搞清楚陌生电访到底是什么。在他们眼里，任何主动打电话或亲自拜访的行为，都可以被称为陌生电访。

在我看来，他们不仅对打扰客户深感恐惧与焦虑，还将这种行为妖魔化，并贴上"陌生电访"的标签。在创造出完美的借口后，他们就心安理得地等着客户主动送上门。然而，最后只能满腹牢骚地抱怨客户少。

销售代表们怕的是打电话，无论对方是不是陌生人。

可以肯定的是，潜在客户肯定有好交流与不好交流之分。一个填了你线上调查表的潜在客户，肯定比没填的要容易交流一些；一个跟你的竞争对手合约即将到期的潜在客户，也肯定比刚刚签完新合约的客户更容易接受你的会谈邀请；对方是曾经惠顾过你的客户，也肯定会比从来没使用过你产品的人更好交流。

敢于主动致电潜在客户、敢于打扰他们，是成为销售大师的基本要求。不管你用什么方法开发客户，如果你不能做到百折不挠地主动致电客户，你的销售渠道将迅速枯竭。

其实，问题不在于该不该陌生电访。而在于：你该如何在拥挤不堪、竞争激烈的市场中，通过平衡运用各种开发渠道来取得竞争优势？

第 3 章
多管齐下,平衡开发

"我就适合这么干"从销售员口中说出未必是好事。这意味着你限制了自己在开发客户方面的能力。很多销售员死守着一种方式去开发客户,这无异于把鸡蛋全放到一个篮子里。若想要创造不凡的业绩,必须掌握平衡开发法。

穷人选择现在,富人选择平衡。

——T. 哈维·艾克《百万富翁心态的秘密》

"不过,杰布,"贾尼丝加重了语气说,"我更擅长当面开发客户!"类似的话我已经听过几百次,这些销售人员总爱强调,他们惯用的客户开发手段更好用。其实这只是一个借口,用以回避他们不喜欢的开发手段。一般而言,最不受待见的就是电访开发。销售额最能说明问题:死守一种开发手段,无异于给你的生产力、销售额设置了上限。

如果你对我介绍的新开发手段的回应是:"你不懂,我用其他办法要高效多了。"或是类似的回答,那我敢保证——你正在限制自己的能力,也在跟动辄上千美金的佣金说再见。

就这么干?就这样完蛋!

假设你的一位朋友说他参加了一场理财研讨会,有位投资大师介绍了只稳赚不赔的股票。大师建议他满仓入股,越快越好。他想听取你对此的意见，这时你会怎么回答？如果你俩挺要好，你肯定会表示不解，还会大喊道："把全部钱押在一只股票上？你是不是疯了？小心赔光了你的养老金！""但大师说这笔投资稳赚不赔，他说我能赚到成吨的钞票！"你朋友肯定地说。

于是你抓住他的肩膀，试图摇醒他："你开什么玩笑？你是白痴吗？投资有风险！这你都不懂吗！聪明的人都会分散投资来降低风险。那个所谓的大师完全是胡说八道，你要听他的，小心连裤子都输没了。"

开发客户也一样，如果你总使用单一的方法（通常是遇到最少阻力，最不会被拒绝的那种），那你只能一直做一个默默无闻的小销售员。但是，如果你敢于综合运用多种开发方法，长此以往，必将会有更好的表现，取得更高的收入。

在销售界，也有不少所谓的大师，他们会吹嘘某一种开发方法特别有效，让你认为那是你唯一的救赎。他会在打电话、发电邮、社交销售、熟人推荐、建立人际网或集客式营销等各种方法中挑一个，然后说其他都是垃圾。莫须有的"陌生电访"标签就是个例子。他们会在你的耳边不停地说："来嘛，用我的方法，保证用了你就能有数不清的销售线索，只要999美金，百万美金销售额即刻有！"

这些空头支票，加上你时常挂在嘴边的"我就适合这么干"，听起来很有道理。但现实很残酷，你必须忙着接触客户、养家糊口、还房贷还车贷，没有多少销售员能只靠一种客户开发方法便活得潇潇洒洒。

聪明点，把鸡蛋放在多个篮子里

你就把我当成是个试图让你看清现实的朋友吧。把鸡蛋全放在一个篮子里绝对是件蠢事。如果你不听劝，只会断送自己的职业前程。不要再找借口回避你不喜欢的开发方法了，要有远见。

正确的客户开发策略要义在于平衡性。

正如有钱人深谙组合投资之道，顶级销售巨星对平衡开发法也了如指掌。何谓平衡？很简单，就是为了将开发客户的收益最大化，组合使用打电话、发电子邮件、上社交网站、发短信、熟人推荐、扩大人际关系网和参加展销会等不同方法。至于分配到各个方法的具体时间，就得根据你自身的情况而定。

任何单一方法都不能完全取代其他方法。每个行业、每个产品、每种服务、每位客户都有不同的情况，对销售计划、开发渠道自然也有不同要求。作为一名销售，你必须时刻认清形势，调整出适合当下需求的开发渠道组合。

比如在某些产业，或在销售某些特定产品时，如果你不花时间构建相关的专业人士关系网，单靠陌生电访，这单生意注定不会成功。某些情况下，你如果不出去与人面对面交流，肯定又是死路一条，而且"死"得又慢又痛苦。有时各种办法都打不开局面，只有熟人推荐能让你力拔头筹。有时想接触到高质量的客户，你又必须参加展销会。

在咨询类业务领域，社交媒体可能扮演着最主要的角色。如果你销售的产品是特定软件，集客式营销可能发挥大作用。如果你在大公司工作，能够使用公司现有的潜在客户数据库，那电话和电子邮件就是最有效的敲门砖。如果你在小公司工作或与人合伙创业，你就得多管齐下，有针对性地开发可迅速成交的客户，但也要兼顾放长线钓大鱼。

别闹，你那是东施效颦

总之，关键就在于你要根据所在行业、你销售的产品（或服务）、业务复杂程度、客户群、你的资历等因素及时调整开发渠道组合。有时，在特定市场或地理条件下，该做什么调整是一目了然的。比如在曼哈顿和芝加哥城区这类邮政编码庞杂的地区，打电话就变得非常麻烦，可能还是当面约谈高效一些。

资历有时也是需要着重考虑的因素。如果你是销售新人，刚进入一家新公司，或是分到一个新片区，最好也能根据形势调整你的开发渠道组合。一般来说，资深的销售跟初来乍到的新人会有不同的开发渠道组合。

别小看资历的问题，很多新手就没重视这一问题，结果惹了大麻烦。

乔伊今年20岁，却是位久经沙场的老销售。公司的销售新手看到乔伊轻轻松松就能在几个月内达成百万美元的销售额，于是东施效颦，结果可想而知。新手们不知道，乔伊用了几年的时间狂热地开发客户，已累积起了高质量的客户群。他早已把潜在客户和老客户每年的购买窗口期摸得一清二楚，所以才有今天的风光。

如果你是公司的新人或刚转行，就得时刻准备日复一日地走街串巷、登门拜访。此外，你还得电访陌生客户，因为这是创建客户数据库、提升客户质量的必经之路。如果你在行业内已摸爬滚打数年之久，就可以下调陌生电访在你的开发渠道组合中所占的比例。但相应地，你得更注重熟人推荐、社交媒体等其他渠道。及时致电快到购买窗口期的老客户更是重中之重。

你不妨环顾四周，看看所在公司的销售巨星都在用什么方法开发优质客户。把大笔大笔佣金收入囊中的销售高手总有些独家的秘诀，你可以适当学习。但请注意，如果他们是区域业务代表、公司客户经理，而你只是基层销售，若你采用全盘照搬的策略，你很可能还是会落得东施效颦的下场。

最后，请记住：无论你在哪个行业，销售何种服务或产品，多管齐下、综合运用多种开发方法，是让销售渠道保持充盈的不二法门。

第 4 章
原地踏步是销售最大的困境

销售人员没有意识到存在于客户开发过程中的三大法则,这让他们屡遭挫折。他们会因为忙于客户管理,从而让客户开发工作停滞不前。销售们极度渴望拿下客户,却总是失败。他们仿佛走入了一个难以逃离的困境。

疑虑与恐惧源于无所作为,自信与勇气源于主动出击。征服恐惧的最佳途径不是窝在家中冥思苦想,而是走出去让自己忙起来。

——戴尔·卡耐基

所有销售人员每天最重要的任务就是开发高质量的潜在客户。

顶尖的销售大师会把80%的工作时间花在开发和遴选客户上。他们可以经常与新的潜在客户进入正式销售程序。然后顺利走过一道、两道、三道、四道流程,最终与对方达成交易。

开发客户的过程中有三大法则,正确地看待它们,你也能把源源不断的潜在客户转化成真正的客户。在此章节中,我们将集中探讨这三条法则的具体内涵,还将了解为何有的销售会陷入职业低谷。当然,我也会提供走出低谷的办法。

需求法则:怕什么,来什么

需求法则的简单含义是——你越渴望得到某样东西,就越不可能得到它。当销售渠道完全枯竭时，你就能强烈地体会到这条充满绝望之情的法则。业绩常年垫底的销售员对这条法则应该深有感触。当你的生死存亡完全取决于一单、两单或几单交易的成败时，你失败的概率将成几何倍数增加。下面的这个例子会说明一切。

杰里是一名销售员，他曾开发出一些非常不错的潜在客户，可惜最终都没有达成交易。好几个他觉得一定能拿下的客户由于没能及时跟进，都被竞争者抢走了。于是他手头只剩下区区几单买卖。随着季末结算日的逼近，杰里感受到了巨大压力。他想要尽快敲定其中一单交易。但他越着急，出的乱子就越多，敲定交易的难度陡然增加。最终，在绝望与焦虑的合力围攻下，杰里只能接受残酷的现实。

为何绝望的情绪成倍地增加了失败的概率，使杰里在最需要订单的时候惨遭滑铁卢？第一个原因涉及吸引力法则（Law of Attraction），即你心理越挂念着某件事，就越有可能让那件事成为现实。而你内心深处的恐惧和那种挥之不去的绝望情绪，同样适用于吸引定律。这就是为什么绝望导致了杰里的失败。具体来说，当一个人感到绝望时，他就没有办法把思绪集中在取得成功所需的行动上。相反，他总会想着如果失败了可怎么办。越这么想，失败离他越近。

第二个原因是，你无法掩饰自己的绝望情绪。就算你不说，与你接触的人也能通过你的行动、声调、用词和肢体语言，判断出你已十分脆弱、深陷绝望。而作为一名销售员，表现出绝望的情绪是大忌。不论哪种类型的客户，都会排斥贫穷可怜、深陷绝望的销售员，这是人的共性。还有，你的绝望就像流出的鲜血，自信的同行就是捕食的鲨鱼。他们一闻到血腥味就会循迹而来，你的准客户将最终变成他们肥美的大餐。所以，当你浑身散发着绝望气息时，没人愿意跟你谈生意。

最后，当你深陷绝望，无论是情感还是行动上，都不可能做出合乎逻辑的决定。这会让局势不断恶化，你只能深陷失败的泥潭。

看完杰里的例子，我们再来看看桑德拉。桑德拉是一位非常勤奋的销售员，她一直在用构建关系网、熟人推荐等方式开发客户，并持续地跟进新客户。目前，她手上有 30 个非常有希望完成的交易。

桑德拉能一个不漏地拿下这 30 单买卖吗？倒不见得。不过，就算季末结算日快到了，有这 30 名潜在客户在手，她应该也毫无压力。桑德拉继续有条不紊地进行客户开发工作，以弥补流失的潜在客户。她的工作目标明确，节奏平稳。因此，她能准确预知自己明天、下周、下个月能做成哪单买卖，一切尽在掌控。因为她能达成自己的目标，销售经理对她信赖有加。

和杰里一样，桑德拉有几个不错的客户最终还是被抢走了。但不同的是，因为手上还有数量可观的潜在客户，桑德拉非但没有感到绝望，反而备受鼓舞。于是，她加快了工作节奏。在季末结算时，她已经超额完成任务，还收获了高额奖金。这笔额外的收入并不是桑德拉在绝望中挣扎而获取的。这是她自律自强、持之以恒开发客户的结果。

30 天法则：欠下的，总是要还的

"嗨！杰布！有时间讲两句不？"电话那头传来了熟悉的声音。

"格雷格啊，有什么事？说吧！"格雷格是个老练的销售员，我们居住在同一个小镇，彼此相识好几年了。

"能跟你聊一聊吗？一分钟就好。"格雷格再次说道。

我当时被堵在亚特兰大一个叫"I-285"的停车场里，正好能给格雷格解答迷思。格雷格说，最近出于某些原因，他付出了努力，却连一单交易都没达成。他觉得自己优势不再，这让他非常沮丧，斗志全无，于是转而问我怎么做才能利索地敲定交易。那时已经是三月上旬，他非常担心自己在季末总结时垫底。之前我也说了，如果一个人因一时的挫折而丧失自信、感到绝望，那他将一事无成。格雷格现在就正处于绝望的边缘。

我问道："格雷格，你是否一遍又一遍地给同一位客户打电话？你现在处理的客户是不是你本该争取在二月份搞定的那些？"

"没错！只是他们一直在用各种理由搪塞我，能不能告诉我怎么做才能让他们与我敲定交易？"

"且慢，格雷格，耐心点。你先告诉我，你去年十二月份都做了什么。"

"我记得十二月份挺忙的，总感觉时间不够用。公司年末还放了几星期的假。你知道的，假期差不多都是在那个时候。"

"所以你十二月份根本没花多少时间开发客户？"

电话那头沉默了几秒。

"天啊！我居然把30天法则给忘得一干二净！"

格雷格的问题并非出在敲定交易这个最终环节上，而在于他在十二月份的懈怠，这导致了他三月份的销售业绩不理想。由于前后隔了几个月，格雷格没能很好地将客户的信息串接起来，所以他不断地呼叫那些已经不可能成交的客户。他以为自己敲定交易的方法有问题，却不肯承认自己电访的客户根本不会与自己敲定交易的事实。

格雷格正深陷怪圈。他没有意识到自己现在遇到的问题源于几个月前的懈怠开发。但讽刺的是，他开始钻牛角尖，总是在苦思为何就是敲定不了交易，这让他停下了开发新客户的脚步。他不断地呼叫已没有成交可能的人，并让自己相信，这也是一种开发客户的方式。

其实，一流的销售员也会陷入这种致命的怪圈。至于原因，我就直说了：当你无法敲定交易，觉得自己是个失败者时，你就不会有动力和精力去开发新客户。

进入怪圈之后，格雷格没能持续地开发新客户，这让他的销售渠道枯竭，使他变得更绝望颓靡。他开始渴求解决问题的神奇办法，于是给我打电话了,向我索求敲定交易的秘籍。

十二月份,假期来临,谁都觉得有很多事情比开发客户更有意思。这种普遍存在的心理让格雷格也松懈下来。3个月后,格雷格的销售渠道只剩下腐臭的死水。这就是忽视30天法则的代价。

你在30天内付出了多少努力、开发了多少客户,将会在往后的90天里得到印证。这就是30天法则的含义。30天法则在企业对企业(B2B)和企业对个人(B2C)的商务模式中会有所体现。在一些周期短的业务中,30天法则可能会变成一周法则,但其精髓不变。

这一主导销售界的强力法则简单易懂,却被很多销售人员忽视,以致让自己深陷困境。30天法则告诫我们:永远不要停止开发客户,永远不要把今天的开发任务推到明天。你一天不开发客户,短期内可能感觉不到什么变化,但90天过后你肯定会为自己的懈怠付出代价。一周都不开发客户,你的销售渠道将很快干涸。90天梦醒之后,你会发现自己已深陷绝望的怪圈,却连自己是怎么掉进来的都不知道。

替代法则:不要让业绩"坐过山车"

此刻,正低头坐在销售副总裁办公桌前的是里克。他在月初夸下海口,承诺这个月将创下空前业绩。但从这个月的数据来看,他的销售团队的业绩非但不算最佳,而且相当差劲。现在,他正垂头丧气地为没能兑现承诺而道歉。他以各种理由来证明自己付出了很多努力,但就是没拿下订单。为挽回颜面,他还指出前两个月他的团队都超额完成了目标。然而销售副总裁依旧愠色不减。

里克到我这来寻求解决之道。他抱怨说:"团队成员太让我失望了,再这样下去我可能要饭碗不保了。副总裁让我们必须说到做到,有没有什么办法能让部门成员的表现更好?"

我让里克复述自他成为销售经理的几个月来,在销售团队的工作历程。他向我解释说,刚上任时销售渠道已快要见底,在他的鞭策和团队成员们的努力下,又重新填满了销售渠道。

接着,他又眉飞色舞地说:"两个月前我们取得了两年以来的最佳业绩,上个月的业绩也不差。但这个月业绩突然变得很糟糕,好像人人都放弃了一样。"

"里克,这个月团队开发的客户多吗,有没有前两个月多?"我问道。

"没前两个月多。前两个月开发了很多准客户,这个月我们就忙着敲定交易去了。"他答道。

"好吧,那这个月的销售渠道怎样了呢?"我又问。

"唉,我跟副总裁也解释过这事,我们忙着敲定交易去了。眼见销售渠道又要见底,但也没办法。"他无奈地说。这就是问题所在。

可我还得告诉里克,他的团队成员并没有放弃。本月的业绩之所以不尽如人意,是因为他违反了替代法则,采用了过时的销售模式。

我们先来看个数学问题:贝姬是一名销售员,假设她的销售渠道里有30位准客户,已知贝姬达成交易的概率是10%;现在她敲定了一笔买卖,请问贝姬的销售渠道里还剩下多少位准客户?

大部分人会觉得还有29位准客户。

但事实上,只剩20位。为什么是20呢?请用数学思维思考:贝姬与客户达成交易的概率是10%,即是每10个准客户中贝姬只能与其中的1人达成交易;换句话说,每敲定1单交易,贝姬的潜在客户就少了10个。因此,答案是20而非29,现在贝姬需要多开发10位新客户才能填满销售渠道。

由于牵涉数学公式,替代法则可能比较难理解。你可能会反问:"你怎么知道剩下的9笔买卖就一定无法完成呢?"你这么问,就是没有理解到精要。别忘了,我们已假定贝姬敲定交易的概率是10%。也就是说,从长远来看，她就是没了 10 个潜在客户。这和抛硬币的道理一样——你抛的次数越多，每一面朝上的概率就越接近 50%。

由于漠视替代法则，很多销售人员的业绩一直处于过山车模式：业绩吃力地爬升，然后急速下坠，再爬升，再下坠，直到某天再也爬不上来。

替代法则告诫我们：你必须锲而不舍地开发新客户，以弥补不可避免地会从你销售渠道中流失的客户。并且，你的弥补量必须符合你当前敲定交易的概率，只能多，不能少。要做到这一点，必须拥有一颗狂热开发者的心。

你是这样走入困境的

90% 的销售困境都是因为客户开发环节出现了问题。下面我简单分析，许多销售是如何一步步走向万劫不复的深渊：

※ 工作进行到某个阶段，你停止了客户开发工作。（参考 30 天法则）
※ 因为你停止了开发，没有新客户进入销售渠道。（参考替代法则）
※ 由于渠道里只剩下些不可能成交的客户，你开始无法敲定交易。
※ 由于一直成交不了，你的自信心开始受挫。
※ 自信心的崩塌让你开始进行负面的自我暗示，剩下的自信很快也被吞噬，热情随之退却，你开始觉得自己是个失败者。
※ 失败者心态进一步吸干你的精力与动力，你更加不想开发客户。

※ 由于不想开发新客户，你不断致电那些根本不会跟你交易的客户，其结果非常糟糕。
※ 由于还是没有新客户注入，销售渠道开始枯竭。
※ 你开始寻求能救你于水火之中的神奇妙方，但一无所获。所以什么都没改变。
※ 你越陷越深，需求法则登上舞台。越是渴望越得不到，你变成了另一个"杰里"。
※ 你的销售工作陷入了恶性循环。

我在销售生涯的早期，也遭遇过惨痛的失败。记得那个季度我敲定了很多笔交易，于是开始沾沾自喜，把时间更多地花在客户管理上，放慢了开发客户的步伐。

我给自己找理由，让自己相信客户管理工作也很重要。90天后，我付出了代价。销售经理指着我的鼻子让我赶快找回状态。那一次，我体验到了销售界残酷的现实：**没有人会在意你昨天的业绩有多好，人们只在意你今天能创造多少业绩。**

当时，销售经理把我叫到一旁，跟我解释了一遍30天法则。他说我的情况已岌岌可危，我干涸见底的销售渠道就是证明。他还说了句至今仍萦绕在我耳际的良言："快去打电话。"

我当时确实站在了万丈深渊的边缘。我的内心郁愤交加、满是牢骚，我觉得自己就像一条败犬。但我接受了他的建议，拿起电话重新开发客户，以实际行动救赎自我、找回自信。

当然，重新开始并不容易，我感觉自己像在原地踏步。毕竟，当深陷绝望时，我们都渴望客户在很短的时间内给出答复。在前文我也说了，没人喜欢跟散发着绝望气息的销售谈生意。由于无法敲定任何一笔交易，我也陷入了绝望的流沙，无法自拔。但好在我没放弃，每天坚持打电话确实让我的销售渠道多了些潜在客户。

我咬紧牙关，坚持到了季末结算日。当公布业绩评比结果时我惊呆了，因为我居然成了该季度区域业绩第一的销售代表。仅仅3个月，坚持每日开发客户就让我的业绩冲上了第一。那种震撼和冲击让我记住了开发客户的重要性，从此以后我再也没有犯过类似的错误。

销售们总有松懈的时候，也总有为自己的松懈付出代价，然后在挣扎中求存的那一刻。

并不是说一旦陷入这种状况就万劫不复，我们都有恢复过来的可能，但想走出困境你必须先认清是什么让你陷入困境。当我们遭遇不顺时，习惯性地把一切都归咎于外界因素，却忽略内因。别忘了，需求法则惩戒的对象从来不是别人，而是我们自身。一旦你不再自律地完成每天的固定工作，却想轻松成功，需求法则就会拿着鞭子出现在你面前。如果你深陷困境，请正视自我，承认自身的过失，承担起责任。这才有可能走出怪圈，获得救赎。

越努力，越幸运

想走出困境，唯一切实可行的方法就是老老实实地从头开始，再次走上开发客户的轨道。

如果你发现自己深陷困境，不妨先做个深呼吸，承认负面情绪只会让情况更糟。随后把精力集中到客户开发上，按时按量完成每日的开发目标。不要浪费哪怕一秒的时间去想如果失败该怎么办，因为担心没有任何意义。也别浪费时间去后悔已经发生的错事，再怎么后悔也改变不了过去。

把你所有的努力、情感都投入到你能控制的事情上。一个销售成功与否，完全取决于他每天、每周、每月、每季度、每年做了什么。

换句话说，未来其实完全掌握在你手上。即便深陷绝望，你还是可以回归基本，做正确的事。别多想，只要坚持，很快就会见效。据我所知，坚持做好开发客户等基础工作30天，就能够重回正轨。

我最喜欢引述的名言之一来自阿诺德·帕尔默[①](Arnold Palmer)，他曾说："越努力，越幸运。"在销售界，也有一句销售版的："你开发的客户越多，就越幸运。"

你可能会问：难道开发客户的经验、技巧就不重要了吗？这些当然重要，但持之以恒地开发客户比有技巧地开发客户重要多了。

如果你能持之以恒地开发客户（即每天坚持），肯定会有意想不到的收获。每天坚持的累积效益是巨大的，你会有恰当的理由，在恰当的时候，结识恰当的人。而后，很多客户会对你"投怀送抱"（我的销售团队把这称作"销售之神的眷顾"）。

很多销售可能会问："我怎么就没碰上过这等好事？"那是因为他们只做最低标准的客户开发，只求能达标。当他们一开始开发客户（一般是出于绝望才会去开发客户），就希望奇迹马上降临。坚持没多久，只要看到没奇迹发生，他们便又钻回平庸的安乐窝。

如果你相信没有人能够第一次接触高尔夫球就一杆进洞，那也别指望只花一天开发客户，就能碰上好运。要想好运找上门，就得持之以恒地付诸努力。

所以，请从今天开始通过电话、电子邮件、手机短信、社交媒体等各种渠道去不断地开发客户。让自己成为狂热的开发者，别让任何人、任何事阻挡你成为销售界的巨星。

记住，你开发的客户越多，就越幸运。

---

① 美国著名职业高尔夫球手。自1955年起，他获得过数十个PGA巡回赛及冠军巡回赛的冠军，1974年帕尔默就被列入世界高尔夫球名人堂，之后创立了以自己名字命名的服装品牌。——译者注

第 5 章
拿起笔来,记录你的数据

销售人员根据什么评估自己的工作？销售额、客户数量、佣金收入……这些都可以。放在纸上，它们就是一组组的数据。为何有的销售员有漂亮的业绩，有的却总是徘徊在低谷？因为前者时时关心自己的数据，不断做出调整。

你周围的一切都离不开数学,一切都是数字。

——夏琨塔拉·戴维[①]

有些人总会说:"销售不是数字游戏。"他们还会加一句:"用数学思维进行销售非常过时"。最近,我还听到有人说:"把销售当成数字游戏的人是头蠢驴。"

但事实真的是这样吗? 在我看来,说这些话的人才是蠢到家了。销售由数字主宰,过去如此,现在也如此。因为销售界的成功公式,就是一条简单的数学公式:你开发的客户优质与否、数量多寡,决定你最终的收益。

其中,"数量多寡"就涉及纯粹的销售科学。对于销售人员来说,开发大量的客户也是一项技术活儿。"优质与否"则关系到潜在客户的质量、你挖掘的深度、你与决策制定者的关系和自身的销售经验等。这个公式可以说是销售科学与销售艺术的结合。

[①] 夏琨塔拉·戴维(Shakuntala Devi),印度数学家,曾是神童和著名心算家,有"人脑计算机"的美称。因其不可思议的计算能力被列入 1982 年版的《吉尼斯世界纪录》。——译者注

像运动员那样关心自己的数据

如果你有机会向自己一直关注的运动员询问他的各项运动数据，你猜他能否流畅地说出一大串数字？

我敢担保，他肯定可以。优秀运动员都对自己的运动数据了如指掌，因为他们要力求在竞技赛事中达到巅峰状态（表5.1）。只有通过数据，他们才能评估自己的状态，进而做出调整。

表 5.1 费德勒 2013 年澳网前三轮比赛数据

比赛场数	3
ACE 球	23
最快发球时速	208km/h
一发平均时速	186km/h
二发平均时速	156 km/h
双误	6
一发成功率	172/255（67%）
一发得分率	142/172（83%）
二发得分率	47/83（57%）
破发点转化率	12/41（29%）
被破发点挽救率	4/4（100%）
制胜分	106
非受迫性失误	80
比赛总时长	5h20min

顶尖的销售，就像顶尖的运动员，会记录下自己的各项数据。如果你连自己的数据都不清楚，就无法调整工作方向，更谈不上达到巅峰状态了。

无论什么时候，你都该清楚自己一共接触了多少潜在客户、打了多少通电话、发了多少封邮件、有多少客户回应、与多少客户有约、达成了多高的销售额……而你在社交媒体（如领英）上的开发进度、发出的短信、搜集的有价值信息，统统都该记录下来。明确知道自己向销售渠道中添加了多少新客户、往数据库里增添了多少新客户信息，是做好客户开发工作的基本要求。

数据是把尺子，衡量你的表现

养成记录数据的习惯，你才能准确评估自身工作的效率（efficiency）和效能（effectiveness）。

※ 效率的意思是，在固定的客户开发时间内，你所能完成的工作量。如一小时的电访时间你能打出的电话。
※ 效能意为你的行动与产出的比例。

你应该根据自身情况，努力在二者之间找到最优平衡点，以便让收益最大化。公式如下：

$$效率 + 效能 = 你的表现$$
$$(E+E=P)$$

你可能会问，最优平衡点又是什么？请看以下的举例说明。

假设你的电访效率非常高，一小时能打 100 通电话。但这 100 通电话没给你带来任何有价值信息，没创造任何会谈机会，你只收获了寥寥几个没什么希望成交的潜在客户。那么我可以确定，你虽然效率很高，但效能极低，完全是在浪费时间。

反过来，假设你一小时只打了 10 通电话，却与一位优质客户约定面谈、给客户数据库增添了两条有价值的信息，那效能确实比刚刚高了不少。但在我看来这仍非常低效，这一小时的电访效率还有很大的提升空间。

毫无疑问，有许多变量会影响开发客户的效率或效能。如客户名单的质量、行业、时机好坏（细分为一天、一周、一年中的时机）、决策者、产品或服务质量、目标难易、开发渠道的适用性、个人的自信心和心态……

明确数据后，你就能够客观地对这些纷繁复杂的变量进行分析。别小看分析的作用，只有分析才能找出问题。找出问题后才能对症下药，做出相应调整，而这些小调整往往能够增加你的销售额，甚至使其翻倍。

所以，你必须鼓起勇气，自觉地做数据记录并分析，再根据最新数据调整客户开发策略。数据能够让你脚踏实地专注于每日的工作计划。记录数据还能改掉你自欺欺人、自我安慰的习惯，能让你看清现实与目标的距离，以及你必须做出什么努力才能让数据更漂亮。

醒醒！幻想无法拯救你的业绩

去年夏天的一天下午，我见完客户后回到了办公室（大概在下午 3 点），便观察了一下我的销售团队的工作情况。我走到一位销售代表旁边，问他今天的工作进展如何。

他摇了摇头，叹了口气说："很糟糕，没人肯掏腰包，我也不知道外面是什么情况。总之，现在我一打电话就被回绝。"

"这可不妙啊！"我说，"告诉我今天你打了多少通电话？"

他又摇了摇头，回答道："很多啊！但就是不能敲定交易！"

"等等，请你解释一下，"我反问道，"你说的'很多'，到底是多少？"

他的表情痛苦，好像有人捅了他一刀似的。"呃……我说不出具体数字，从今天上班到现在打了应该有50通了。杰布，你不懂，外面的世道变了，现在没人愿意掏钱。"他艰难地说道。

"好吧，让我看看你的记录簿。"言罢，我开始在他的办公桌上找寻记录簿——我的团队平时用来记录每日数据的小册子。

在这期间，他目光呆滞地盯着屏幕，估计是在整理思绪。过了几秒，他对我说："对哦，我今天忘了填写记录簿了。忙过头就把这事忘了，但我有用SalesForce软件记录数据。"

"没事，你把记录打开，看看我们能不能找出问题。"

我一边听他给我回忆当天打的每一通电话，一边用问题点醒他。他逐渐意识到自己的工作效率有多低。我们的谈话结束后，清算结果也出来了：他当天只打了12通电话。7小时的工作时间，只打了12通电话，这效率简直奇低无比！我也想知道他这7个小时到底都干了些什么。

他感觉当天自己打的电话要多于12通，这恰恰是因为他没有自动笔把数据记录下来，所以连自己走到哪步都不清楚。

通过分析，我发现他在早上打出的头两通电话被客户粗暴拒绝后，就已不在状态了。那两通电话像两盆冷水，浇灭了他的自信，悄然改变了他的心态。看吧，我团队里最优秀的销售员也会这样。情感受伤、心态转变后，他很难自己动笔写下数据，只是让系统自动记录。由于看不到当日工作进度，他相当于与现实脱节了。于是找出各种理由让自己相信是世道变了，自欺欺人地认为自己依然很高效。

根据观察，我发现顶尖销售员都有一个共同点：无论是坐班还是外出工作，他们都有用笔手动记录工作进度的习惯。虽然各自记录的风格和细节不同，但他们对自己的工作进度都一清二楚。

那为什么大部分销售员都没有手动记录的习惯呢？很简单，因为他们自欺欺人。他们让自己相信：开发更多的客户是很容易的。这种十分惬意、温暖的妄想，比面对冰冷的现实舒服多了。

你可以选择沉浸在幻想中，或面对现实。选择前者，不仅会降低你对自己的要求，还会拉低你的业绩。要知道，顶级销售巨星都活在现实之中。回到现实，是保持狂热"掘金者"心态的第一步。

第 6 章
销售头上的"三座大山"

作为销售人员,请回想自己的工作情况。你是否把开发客户的工作一拖再拖?是否事事追求完美?是否总问"怎么办"?如果都回答"是",那你正被"三座大山"压迫着!难道你很享受这样的状态吗?不,也许你只是不知如何反抗。

先做必须做的,再做有可能完成的,做着做着,你会发现,自己正在做原本觉得不可能做到的事。

——亚西西的圣济[①]

有3件事会阻碍你开发客户:拖延、追求完美和懒于分析。

销售界里的拖延症重症患者

在现实生活中,很多人做事都想一蹴而就。这往往会给我们带来巨大压力和挫败感,也会导致最终的失败。比如,你不可能在一天内就完成一个月的客户开发量。但销售们却爱把开发客户的工作往后拖延。我总能听到有销售说,"明天再干""这周晚些时候再干""下周再干"等借口。他们总侥幸地认为一周开发一两次客户对自己的工作没什么影响。但你我都知道,这种拖延战术从来都不会奏效。

---

①亚西西的圣济(Francis of Assisi),天主教方济各会和方济女修会的创始人(1182—1226,又称亚西西的圣方济各或圣法兰西斯),他是动物、商人、天主教教会运动、美国旧金山市以及自然环境的守护圣人。——译者注

拖延症是种危害全人类的"病疫"。没有人能免受其害，包括你我。虽然我攻读了研究拖延症的哲学博士学位，但那依然没能阻止我在某年买了本《如何摆脱拖延症》（How to Stop Procrastinating）。这本书我放了3年，一页没翻，最后低价卖出。

大部分失败都是源于众多欠佳决策的累加，源于你的放任自流，源于拖延行为。从自身经历来看，我的每一次重大失败都和拖延脱不了干系。一旦我放宽了对自己的要求，没有完成每日琐碎但必要的任务，失败必将尾随而至。老实说，我的失败常伴随着由弱到强的绝望感和慌乱感。因为我想逃出困境，但往往都是徒劳。

现在好累、明天再开始减肥、抽完这包再戒烟、周五再补上今天的开发任务、下周再开始读这本书……要拖延，总有很多借口。人类总是很擅长用各种借口愚弄自己！

可你的拖延不会给你带来任何效益。日复一日的拖延，会导致自律力的缺失，最终让你的目标变得遥不可及，成功也和你无缘。

失控的完美主义

我看着杰里米先一丝不苟地整理办公桌，再开始确认手上的客户名单，随后开始逐个仔细研究。从社交媒体到公司网站，他仔细阅读了所有能查到的相关资料。还翻阅了CRM上的相关记录。

两小时过去了，杰里米终于打出了今天的第一通电话。为了这通电话，他把对方研究了个透。结果无人接听，电话那头提示是否需要语音留言。他又打了第二个，还是无人接听。两通电话后，他叹了口气，说道："这年头已经没人接电话了。"

打了几通电话后，杰里米又开始整理办公桌。磨蹭了20分钟后，他开始收拾东西外出会谈，会谈对象是已经有合作意向的客户。由于追求完美，杰里米在 3 小时内才打出了 7 通电话，而且一无所获。

瓦莱丽的办公室就在杰里米的隔壁。她早上一来到办公室，就立刻从 CRM 中整理出一份客户名单开始呼叫。一个小时后，她打了 53 通电话（其中有 14 位是决策者），与 2 位高质量的潜在客户约定了会谈，随后她又发出了 39 封客户开发邮件。她的客户开发工作并不顺利，期间遇到了好些障碍。如果事先做好客户研究，有几通电话应该能取得更好的结果。同样的时间，瓦莱丽完成的工作量完全超越了杰里米。从收入上看，瓦莱丽也远远甩开了杰里米。单是佣金，二者的差距就高达 10 万美元。

《赫芬顿邮报》（*The Huffington Post*）曾刊登过一篇名为《14 个迹象表明你的完美主义已经失控》（*14 Signs Your Perfectionism Has Gotten Out of Control*）的文章。文章中写道："完美主义者的讽刺之处在于，他们竭力追求成功，追求完美，但这正是他们无法成功的原因。完美主义往往和对失败的恐惧、自我挫败的行为等紧密相连。"

上述这段话完美地诠释了为何狂热的客户开发者并不适合追求完美。完美主义带来的拖沓和对失败或被拒绝的恐惧，对销售来说有百害而无一利。

大师吉格·金克拉[①]（Zig Ziglar）曾说过："一件事值得去做，意思是值得让你浅尝辄止地去做。"我一直坚信，任何形式的成功者都胜过完美的庸人。所以我绝对不会容忍我的销售团队里出现所谓的完美主义者。

明明拿起电话拨号就好，有些人却偏要对着名单研究半天。我承认，由于我不会去仔细阅读 CRM 上的每条信息，有时也会给自己带来一些

[①] 国际知名的演说家、作家、全美公认的销售天王及最会激励人心的励志大师。与各种年龄层次的人交流的热心、情致和才能，使他成为国际知名的演说家之一。他的《与你在巅峰相会》一书，成为了无数公司、学校、销售机构的教科书，销售量突破 1 550 000 册，再版 58 次，创美国出版之最。最后又推出畅销书《登峰造极》《金克拉赢家销售心法》《天长地久》，再度引起全美关注。——译者注

不便。但从业绩看，我仍然把那些打个电话都要准备半天的销售远远甩在后面。

为防止有人误解，我必须声明——我承认接触客户前的研究工作是有价值的，也同意许多销售根据时间分配工作的行为。如果对方很有来头，或者你销售的产品价值比较高，提前摸清客户底细就很有必要。提前做好调查是最佳情况，如果不能提前，请延后。总之，不要把电访的黄金时段浪费在准备工作上。

如果你已执着于做万全准备、制定完美规划、只在完美时间电访，以逃避被拒绝的可能；或明明一无所获却编出各种理由欺骗自己在努力工作。那我劝你：趁还来得及，尽快改变心态。

大部分完美主义者都有自言自语的毛病，他们的心中仿佛有个小孩，总是在暗地里说："搭好这块积木，再摆正那一块，客户就会乖乖过来。"这种自我暗示会让你觉得自己在非常努力地开发客户，但事实上你几乎什么都没干，客户开发的效率奇低。

没完没了的"怎么办"

不愿开发客户的销售人员总会被贴上"呼叫障碍"的标签。这个词让人脑海里浮现出这样的画面：一名销售盯着电话（或送上门的潜在客户），头冒冷汗、拳头紧握、双腿发抖，完全无法进行下一步行动。

"呼叫障碍"可以解释销售的大部分过失。但有些人并非有障碍，而是入错行了。如果你是那种不想给客户打电话、不想见客户、不想接触陌生人，甚至每天起床上班都很煎熬的人，那我只能建议你别干销售了。去干点儿别的吧，这本书也帮不了你，你没有"呼叫障碍"，只是非常讨厌销售工作罢了。人生苦短，你真没必要把时间浪费在一份自己讨厌的工作上！

在我看来，懒于分析也会变现为"呼叫障碍"。这种懒惰部分来源于完美主义心态，但完全可以克服。先来看看销售们懒于分析式的问题：

※ "如果他们拒绝我怎么办？"
※ "如果他们敷衍我怎么办？"
※ "我怎么知道他们会不会同意？"
※ "遇上这种情况我该怎么办？"

这些销售总是没完没了地问"怎么办"，就像完美主义者想杀死每一个不确定因素一样。他们不懂得先迈出第一步（打电话或发邮件），再见机行事。

挑战自己，推翻"三座大山"

如果我的团队里有人因为拖延、追求完美或懒于分析而停滞不前，那我会用一个很简单的解决方法——让他们先打一通电话，然后打第二通、第三通。有时我还会拿上一份客户名单和他们一起打电话。他们见自己没被骂得狗血淋头，就会逐渐调整心态，放松心情，开始行动。

有时我会更激进一些，直接把电话硬塞到他们手上，让那些"怎么办"都埋在他们肚子里。我知道这可能有点强人所难，但要想让他们走出怪圈，就必须狠推他们一把。

这跟我学习游泳的方式没太大区别。记得在6岁那年，我颤颤巍巍地站在跳板上，跳板下方是一片湖泊。如绿巨人般高大的教练就站在我身后。过去的5天，我们在靠岸的浅水区学习如何划水和换气。现在是检验成果的时候了，每个学员都必须从这块跳板上一跃而下，跳入冰冷黑暗的湖中，然后向前游10英尺（约3米）回到岸上。对当时的我而言,那10英尺就像一英里(1 600米)。

盯着脚下的水域,好像那不是湖泊,而是恐怖深渊。我回过头,满脸委屈地问教练:"如果我不会游怎么办?如果我上不了岸怎么办?"说话间,我已开始瑟瑟发抖。

教练一步步向我逼近,他完全忽视了我的问题。如果说还有什么比自己跳下去更恐怖,那就是被这只绿巨人扔下去!在我上跳板前,他已经毫不客气地扔出了几个学员。他还在步步逼近,我很害怕。但我不想被扔出去,于是咬紧牙关,纵身一跃,湖面顿时被我砸出了巨大的水花。

有那么一瞬间我慌了,我挣扎着摆动双臂,双腿用力往后蹬,努力地把脑袋探出水面。接着,我回想起学过的动作,一路游回岸上。我一时难掩激动——我做到了,真做到了!自那以后,我爱上了跳水和游泳。我的教练用强迫的方式让我学会了游泳。他敢把学员推下去,因为他确信我们不会被淹死。

我几乎每天都会看到有销售人员无休止地揣测电访客户会有何结果。他们总暗示自己:还需要搜集更多信息、接受多一点培训或现在还不是最佳电访时间。在浪费了大量时间做无谓的揣测后,他们又用可怜的眼神看着我,哀求我给他们多点准备时间。

对未知充满恐惧是人的天性。我们渴望安全,都不想从高处跳进冰冷的湖泊或拿起电话打给陌生人。在遇到变化时,我们总是惊慌失措、想要维持安稳。大脑的应急机制会告诉我们:"可怕的事情即将发生,你必须采取行动。"有时,你就是需要有位教练来推你一把,逼着你采取行动。

如果你仍然在开发客户的工作中拖延、追求完美和懒于分析,那无论是在经济上还是精神上,你都必将付出高昂的代价。

第 7 章
销售人员不得不学的时间管理术

销售每天都要做些什么？收集资料？开发客户？敲定交易？不止这些，开会、回邮件、回电话、处理上级交代下来的任务……琐碎的工作分裂了销售们的时间，严重影响了他们的业绩。他们的时间仿佛永远不够用，也许是他们不会管理自己的时间。

想做个成功的销售，很简单，每天跟很多人讲话就行。令人高兴的是，哪儿都不缺人！

——吉姆·罗恩

每次我在讲习班、研讨会或销售训练营中介绍狂热开发客户的方法前，我都会先问在座的销售们一个问题——"你们遇到过的最大挑战是什么？"到目前为止，这个问题我问了不下一万次，80%的人的答案是：时间管理最让人头疼。

我听无数销售说过："做完其他必要工作后，我已经没多少时间去开发客户了。"

我承认，不管什么级别的销售都很忙。他们要忙着开会、为客户服务、与客户约时间、签合同、处理订单、用CRM记录工作……但对普通销售人员来说，时间不够的问题大部分都源于自身。

在一家销售公司，有年收入过百万的顶尖销售员，也有收入仅够果腹的底层销售员。是什么造成了如此大的差距？答案就是管理和利用时间的能力。

顶尖销售员习惯在特定时间段，开展固定的工作。他们把一天24个小时都划分好了，每当到了某个时间，他们就准时开始工作。他们会在外出前做好规划，尽量减少开车的时间；他们也会制订好内部销售计划、整理好自己的数据库和客户资源，力求每日做到最好。他们会将没那么重要或与销售无关的任务委托给其他人。总而言之，顶尖销售员懂得巧妙地利用黄金时间，极具适应性和创新能力。

时间面前人人平等，每个销售员一天都只有24小时。这24小时中，适合进行销售的时间也就只有几小时而已。能否高效地利用这些黄金时间，直接决定你是失败销售员、平庸销售员，还是顶尖销售员。如果你掌握了足够多的信息，完全掌控了自己的时间，你背负的压力自然会小很多，能够赚取的佣金也更多。

总之，我想让你明白时间管理与你的成功和收入息息相关。希望你能调整心态，在销售工作中做好时间规划。除此之外，我还希望你能直面自己曾因错误分配时间造成的残酷事实，并从中吸取教训。

做自己的 CEO

把自己看做是一家公司，当自己的 CEO。CEO 心态是自我管理最重要的一部分。如果你不愿意为自己的时间分配承担全部责任，其他一切都是空谈。

为培养销售新手的 CEO 心态，我在培训课上让他们拿出自己的名片，划掉原本的头衔，写上 CEO。这看似很滑稽，但我喜欢。因为这能让销售员们明白：他们是自身命运的主宰者。

CEO 是组织中的负责人，他无法把责任推卸到别人身上，人们都指望着他做出决策，分配资源。但是 CEO 并不能肆意妄为，因为资源总是有限的。他的责任就是动用最少的资源，来赢取最大的回报。

在销售工作中，你所拥有的资源也总是捉襟见肘（其中最稀缺的就是时间）。但你必须运用有限的资源为你自己争取尽可能高的投资回报，因为这是你作为 CEO 的职责。

狂热开发者都有一种 CEO 心态。

因此，他们不会容忍任何事情阻碍自己在每天的黄金时段进行客户开发工作。他们勤奋而自律，清楚该把时间花在什么事情上。他们知道自己是如何度过每一分每一秒，还知道这个世界并不完美。

为何不完美呢？因为无论你多么自律、计划多么周全、与客户和上司的关系有多好，生活还是会时不时地给你出难题。真正优秀的 CEO 不仅能做好日常事务，还具备过人的解难能力。同样，狂热开发者也不会被突如其来的难题击倒，不会怨天尤人，不会给自己找借口。他们敢于直面难题，想方设法填满销售渠道。

打响黄金时段保卫战

对销售而言，在黄金时段做毫无收益的事，是最大的挑战。原因如下：

※ 总会有客户、经理和同事对你提出些要求，这些要求不能给你带来收益，但你不得不做。

※ 如果你的客户开发工作颇具成效，自然会有一系列的衍生任务。别人会要求你做演讲、做展示、提建议，客户可能还会主动与你交谈。你自己也得忙于把准客户的资料输入 CRM。

※ 这些无收益工作貌似很重要，做起来会让你觉得已经取得了实质性成功。

※ 很多销售员总把这些琐事当成不去开发客户的借口。殊不知，这么做不仅不利于业绩增长，还会断送自己的销售事业。

在我看来，首先，你是销售员；然后，销售的本职就是卖东西，就是这样。如果你想抱怨就尽情地去抱怨。但一个合格的销售员就应该在黄金时段联系有一定价值的潜在客户，并把他们纳入你的销售渠道。这是抱怨也改变不了的事实。所以，如果你确定自己是一名销售人员，却没有在黄金时间段卖东西，那你就是在渎职。

我知道你要说什么了，因为类似的话我已经听过无数次：

※ 麻烦停一下，杰布，照你这么说，我的上司和客户委托我的其他事都不用干了？
※ 如果公司没给我布置这么烦琐的任务，我早这么做了。
※ 嘿！那我的私人生活呢？公司又没有补贴，为什么下班了我还要工作？我还有我的家庭、我的宠物、我的娱乐活动、我的手工兴趣班……

行，那你可以从下面几个选项中选一个：

自我麻醉。你可以在黄金时段为你的客户和上司打杂，干些毫无收益的琐事，再找些理由让你相信自己在努力工作。是的，你完全可以这么做。但我得提醒你，自我麻痹的人不可能获得成功。

说不。这是摆脱与销售无关的事情最行之有效的办法。你拒绝就好了，你并没有义务全盘接受别人的委托。如果别人的委托会扰乱你黄金时段的工作，请坚定地说"不"。一开始，你可能羞于开口。但如果你能坚持自己的底线，我相信你身边的人会尊重你的决定。

安排好事情的优先级。我还从来没见过每次业绩都达标的销售员，会因为没完成上司交代的一件小事就被解雇。上司可能会问他为何没完成，但肯定不会解雇他。相信我，绝对不会。但反过来就不一样，要知道，太多的销售员都因业绩欠佳而被辞退。所以说，要安排好事情的优先级。很多事情完全不值得牺牲黄金时间段去做，有些委托没时间完成就别去应承了。作为一名销售员，你只需要确保自己的销售渠道充满有价值的潜在客户，完成漂亮的销售额就好。至于其他的小事，没人会在意那么多。

在黄金时段的前后做较重要但无收益任务。 如果别人委托的事情你一件都不能完成，工作的细枝末节也不处理，确实很难成为成功的销售员。电访前的准备、合同准备、报告准备、CRM 数据输入等细节工作也很重要，但这些并不是销售行为。所以在黄金时段的前后完成这些工作吧。至于私人生活和娱乐活动，我只想说，"黄金时段自有黄金屋"。如果你要获取更高的收入，一些牺牲在所难免。你肯定要起早贪黑，甚至在周末也要主动加班，以确保黄金时段不被其他事情占用。

委托给别人。 这个方法十分好用，与销售无关的任务，你大可委托给别人。很多公司都有专人负责解决细枝末节的杂事。如果你不知道他们是谁，请问到有答案为止。有些人的工作任务就是要帮你解决琐碎事情。

如果你没有能够提供支持的团队，可以考虑聘用一些人员。给自己招个助手并没有想象中那么难，你可以在需要时再把他们叫过来，按时薪给他们结算酬劳。如果你是独立销售代表，如房地产经纪人、金融顾问、保险代理人，招个助手是明智之举。

总之，顶尖销售员坚守在黄金时段，他们经常拒绝别人的委托。他们也不会去搭理在黄金时段问周末有何打算或抱怨公司政策变动的同事。当经理或其他部门的人要把繁重的工作丢给自己，他们会果断回绝。他们甚至会在开发客户时段把"请勿打扰"挂在门口，屏蔽一切干扰因素。他们这样做，只是为了打赢这场"黄金时段保卫战"！

其实你的日常任务用一句话就能概括：最大限度地利用黄金时间段，让那几个小时发挥出最大价值。记住：如果你没把黄金时段用在客户开发、客户遴选、信息搜集、拜访客户、敲定交易这些事情上，你就是在渎职、在自毁前程、自断财路。

掌握委托的艺术

把事情委托给别人，能让你在24小时内完成更多工作。委托，也意味着你要放手和信任他人。

想掌握与客户和账目有关的一切事情，是许多销售员压力巨大、麻烦缠身的原因之一。他们为了兑现给客户许下的承诺，会事事亲力亲为。对此我表示理解。但这是种非常不懂得安排事情优先级的做法，长此以往肯定会被各种与销售无关的事情压得喘不过气，进而停止客户开发。事实上，很多事情完全可以交给别人去做。发现别人的长处、把没必要亲自处理的任务委托给他人，这样才能完成更多的工作。

那么具体该如何委托？有效的委托源于高效的沟通，如果没向对方交代好细节和注意事项，很可能会给你的销售工作带来灾难。可悲的是，有不少销售员，明明是自己事先没说清楚，出了差错却对着别人大吼："别问我怎么办，你自己想办法！"

然而受托人并不懂读心术，你这样大吼大叫完全是在为难对方。正确的做法是：花时间提前制订计划，将每个细节都说清楚，保证每个人都知道自己要干什么、如何干。一周下来，你就会发现自己的工作时间比别人多了好几个小时。有人会觉得委托别人也占用了本来就不多的工作时间。但别忘了，欲速则不达。花点时间把事情向受托人交代清楚反而能给你的工作提速。

另外，一定要注意跟进。别把任务丢给受托人后就撒手不管了，想要结果如你所愿，最好定期询问最新进展，确保一切正常。我有一句口头禅："受托人就是上帝，跟进能出奇迹。"如果你委托了很多任务又没能定期跟进，很多事情会"烂尾"。而你对这种状况浑然不知，最后肯定会酿成大祸。

还有，请花时间和精力与你的受托人搞好关系。那些对受托人漠不关心、毫不尊重的销售员总会让我心生厌恶。《哈佛商业评论》（Harvard Business Review）曾刊登过一篇名为《成功销售的3种习惯》（3 Behaviors that Drives Successful Salespeople）的文章，文中指出：一名成功的销售往往与内部支援团队保持着良好的关系。

记住，你的受托人（可能是你同事、部下）也是人，想让他们尊重你，你就要先尊重他们。让他们感受到你的关怀，事情会好办很多。另外，不妨多对他们真诚地说声"谢谢"。

逼自己一把，设置冲刺时段

曾有位深陷绝望的销售员，前来向我咨询解决办法。他的销售团队业绩离目标相去甚远，而且没有好转的迹象。于是，我在他们的办公室里待了一天，观察他们的工作氛围、查看他们的销售渠道、分析相关工作的完成度。他们对每名销售员的要求是每天电访50位客户、约定至少三次会谈。

我分析了他们过去90天里的电访数据，结果让人震惊——每名销售员平均每天只完成了一半的电访量，一周才获得2次面谈机会。要知道，他们是内部销售团队，每天的工作就是打电话开发客户。销售的懈怠开发进而将整个公司置于危险境地。当我把这些销售员召集到一起，把数据呈现在他们面前时，他们找出了五花八门的借口。

他们说:"杰布,你不清楚状况啊!我们不止要打电话,还要开会、跟进当前客户,还有一堆管理工作。另外,我们总是提不起神,CRM又慢得要死,就连发条语音邮件也要半天。而且早上、下午、周三,客户都不会听电话……"借口还有很多,我都记不过来了。

我也不是第一次见到喜欢找借口的人,所以我懒得与他们争论,直接指出他们销售渠道已经枯竭的事实;再反问他们——既然花了如此多的时间跟进客户、管理客户,为何销售渠道空空如也,他们到底在做什么。

他们一个个睁大眼睛看着我,整个会议室鸦雀无声。

趁他们还没说出更多借口,我让他们回到办公室,在10分钟内整理出一张有50名潜在客户的名单,再回到会议室来。10分钟后,名单送到了我手上。于是我再给他们30分钟,目标是完成25个电访开发、约定2个会谈。

他们变得坐立不安,掏出手机却又不知所措。其实这就是他们销售渠道枯竭的原因。又有2个人说不想用手机,想回到办公室用座机打。我不为所动,让他们别再找借口。继而又用语言稍加刺激,才终于让他们开始工作。

30分钟过后,平均每个人打了22通电话,获得了至少1次约谈机会。这30分钟里,他们完成了之前8小时的工作量。经我稍加培训和辅导后,每人每小时能拨29通电话、约定2次会谈。

整个公司都对此感到震惊。销售们也摇着头说他们也不知道自己为何可以在短时间内完成这么多工作。公司的CEO和销售主管更是目瞪口呆,好像我施了什么了不起的魔法。但这并不是魔法,我只是略施小计,用霍斯特曼推论(Horstman's Corollary)代替了帕金森定律(Parkinson's Law)而已。

帕金森定律认为如果一个人被要求在较为宽裕的时间里完成一件

事，他就会拖着慢慢做，即使他本可以很快完成。而霍斯特曼推论则认为如果一个人被要求在较短时间内完成一件事，他就会提高办事效率，以求在限定时间内完成任务。我刚刚说的略施小计，就是将8小时的时间限定改成30分钟罢了。

我在不同的地方，对不同的销售团队进行了反复实验，结果总是出奇的相似。一旦把时限收窄，销售人员和主管就会惊讶地发现，他们在短时间里居然可以完成这么多工作量。

请实践这一方法，它将彻底改变你的工作状态。首先，你需要把一天的工作时间拆分为几个较短的时间段，并给每个时段设定较高但合理的目标。然后，在短时间内集中精力向目标冲刺。如果你够自律，一天下来，你会发现自己的工作效率大幅提高，完成的工作量也远超从前。

一般的销售团队会规定一天要进行120次电访。很多人会觉得，这个目标非常高，但我的团队只要3个小时就能完成。所以我们有大把剩余时间去更新CRM、准备演讲、打跟进电话、主动邀约客户、敲定交易、与当前客户进行交叉销售……

我们是如何做到的？很简单，我的团队成员将开发时间划分为3个"冲刺小时"，早上、正午、午后各一个。在这3个小时里，除了电访，我们什么都不做。我们不会去做准备工作，不会去填写CRM，不会使用社交软件，甚至不会上厕所、倒咖啡。

在每个"冲刺小时"之前，我们会抓紧时间准备好目标客户名单、提前查询个别客户信息（我把这些称为白银时段工作任务）。全力冲刺时我们会把CRM放在一边，边打电话边做笔记，冲刺时间结束后，再根据笔记把新资料载入CRM。当然，我们也给CRM的相关任务设置了冲刺时段。用电邮、社交媒体软件开发也是如此。

销售本来就是高强度的工作，被拒绝是家常便饭。所以我们设置了冲刺时段，力求快速推进，效果也一直很好。我认为这有2个原因：

1. 根据霍斯特曼推论，时限被收窄，我们在短时间内完成了比别人多的工作。
2. 注意力高度集中1小时，人人都能办到。

如果你能每天挤出2小时，第一个小时用来完成25～50个电访开发，第二个小时用于电邮和社交媒体开发。那我敢保证，不出2个月，你将拿下很多潜在客户。

你不需要多任务处理

假如你和一个花了2个月才争取到的客户约定，在线上准时向她展示产品。你们约定的时间是上午9点，但到了8点50分，有位同事走到你办公桌旁，问你要不要一起出去买杯咖啡。

你会去吗？为了一杯咖啡错过线上会议，进而失去一个重要客户？你当然不会！如果你真这么做，就是愚蠢透顶、极不负责。你必须跟那位同事说，你和客户有重要约定，暂时走不开。

现在，就把你开发客户的冲刺时段当成是上述的线上会议。因为冲刺时段是神圣的，你必须认真地对待与自己的约定，其优先级不应低于你与客户的会谈、与老板的会议或与家人的团聚。

换句话说，冲刺时段一到，你就该一门心思地开始干活，向目标发起冲刺，别让任何人、任何事（包括你自己）盗走一分钟的时间。我们培训过的销售人员往往会在冲刺时段把"请勿打扰"告示牌挂在办公室门上。

如果你不够自律，这种方法就不会奏效。所以你必须对自己负责，把冲刺时段看做是神圣的自我承诺。这种心态上的转变，只能靠你自己完成，其他任何人在这方面都无法给予援手。

冲刺时段之所以高效，是因为你把所有精力都集中在一件事上。但如今在推崇多任务处理的环境下，可能有人会对此嗤之以鼻。或许你也觉得自己能够一心多用，同时进行多项任务。你觉得你可以一边开发客户，一边给你的妈妈发短信；一边刷社交网站，一边接听当前客户电话；一边回电邮，一边用CRM查询目标客户资料。你还沾沾自喜地向别人夸耀自己能力超群。

醒醒吧。因为事实上，你并不能！

事实上，人的大脑无法同时处理多项任务。当你同时干两件事或更多时，大脑会在不同事情间来回跳跃。这个过程非常快，造成了你以为自己能够一心多用的错觉。

当然，大脑可以具备同时处理多条信息流的能力。你可以边看电视边吃饭，边开车边讲话。但大脑不是用来吃饭和讲话的个别器官。承认吧，你并不能一心多用。就算能，你也不能同时把每件事做好。

当你同时做多件事（尤其是多件复杂的事）时，你的大脑会不堪重负，进而停止思考。这会导致你的行动慢下来。电脑同时运行多个复杂程序时，处理器也会忙不过来，进而出现卡顿。两者是一个道理。

回想一下，你曾经是否因为玩手机而错过公交车或撞上路人，是否曾因在开车时涂口红、讲电话、看信息，而不止一次地与死神擦肩而过。

我接触过的很多销售员都觉得一心多用是项必备技能。正因如此，他们的工作杂乱无章，一会儿在电访、更新CRM、调查客户、发短信，一会又在回邮件、接听客户电话、查看社交新闻、发社交私信。

但当我指出虽然他们看起来很忙，但一个小时才打了4通开发电话的事实时，他们难以置信地说："怎么可能，应该比这要多好吗？"

看吧，这就是他们一心多用造成的错觉。

其实你心里也明白，你根本不擅长一心多用。为何你就是不愿意承认呢？数据是最有力的证明，不妨看看自己的工作数据，你可能要三五分钟才能接触一名客户。因为你有太多别的事要干。你尝试同时做的事情越多，客户开发的效率就越低。

不久前，我与一个商业保险销售团队共事。在我去之前，销售们平均一小时能打7通开发电话。算下来，每通电话花费8分半钟，耗时比较长。但他们个个看起来都很忙。其实他们确实很忙，忙着一心多用。但这通过一心多用辛辛苦苦创造的业绩，只够他们勉强养家。除去一切必要的开销，他们的收入也没剩多少。在我去后的第二天，他们每人每小时能打47通电话。

怎么做到的？我不过是让他们专注于一件事罢了。

※ 我让他们别管其他事，专注于打电话开发客户。
※ 我让他们改掉边打电话边把客户信息载入CRM的习惯——致电客户时手写笔记，在打完全部电话后的30分钟内把所有笔记写入CRM。
※ 冲刺时段内将手机关机，放入抽屉。
※ 关闭新邮件提醒功能。
※ 在办公室门口挂上警示牌，让别的部门同事知道他们要专心致电客户。
※ 提前查询好客户信息，准备好客户名单。

经过我的调整，他们的效率和效能明显提高：更多合格客户被遴选出来、团队获得了更多会谈机会、更多新机遇流入销售渠道。他们一个小时里就完成之前一天无法达到的电访量。随后，他们将剩下的时间设定为新冲刺时段，专心于用社交媒体销售、用电子邮件开发客户、主动邀请客户、发现新会谈、敲定交易等。

小心提示音，留住你的注意力

"叮叮，叮叮。"

劳拉刚想打电话开发客户，手机的提示音便响起来了。她放下听筒，掏出手机。

两条未读简讯，一条未读好友动态，一条 YouTube 推送，她饶有兴致地逐个点开。

过了好一会儿，她终于放下手机，回到工作上。她拿起客户名单，却忘了刚才打到哪儿了。劳拉浑然不知，从她掏出手机到现在，已经过去了 7 分钟。

据我观察，在往后的 2 个小时里她的注意力至少被分散了 11 次。每次收到新邮件，她的电脑就会发出"叮"一声。这让她不由自主地点开查看，大多数情况下扫两眼就关掉。但其中有两次她完全停了下来，抓耳挠腮地思考要怎么回复。

两小时的电访时间很快过去了，劳拉只完成了固定目标的零头。她回过头对我说："看到了吧，这些指标根本是强人所难，真是可笑，怎么可能会有人做得到。"

有两样东西最容易分散销售的注意力，分别是电子邮件和（有收发信息、上网等功能的）便携式电子设备。只要听到"叮"声，销售就像受到召唤一样，马上打开手机或邮箱，一看就是 20 分钟。当再次回归工作时，却一头雾水，完全忘了自己做到哪儿了。于是又得重新进入状态。

更糟糕的是，现代人都像患上了手机上瘾症，完全离不开手机。

据统计显示，我们平均每 7 分钟就会看一下手机。就在我写这一段话时，我的手机就响个不停。为了完成写作目标，我给自己规定了写作冲刺时段，甚至把手机放到另一间房间。但我还是没能完成目标！

如果一直被各种提示音干扰，我们就不可能集中注意力。被干扰之后我们不仅要花时间查看各种信息，还得花时间找回工作状态。所以，在进入冲刺时段前，一定要关闭手机和新邮件提示。小视频、社交信息、邮件等，可以在冲刺时段后的休息时间再看。

不要进去，邮箱是个坑！

《销售日志》（*The Sales Blog*）的作者，安东尼·伊安纳里诺（Anthony Iannarino）建议：不要一上班就打开电子邮箱。或许应该将"建议"一词改为"强调"，毕竟伊安纳里诺非常热衷于传播这一观点，并把它称为开发客户第一法则。

大部分销售员在上午迟迟无法展开客户开发的工作，因为存在太多干扰因素了。在伊安纳里诺看来，如果刚上班时不打开邮箱，就能避免很多干扰。

电子邮件算得上是 21 世纪最恼人的发明之一。它仿佛无处不在，手机、平板电脑、笔记本上都有它的身影。就算在汽车、火车或飞机上，人们也能与电子邮件有接触。

总之，说到分散注意力和消耗时间，没任何东西比得过电子邮件。如果你嫌自己效率过高，或是想在午后放松一下，尽管打开邮箱，在邮件的海洋里徜徉。

在快节奏的现代社会中，人们已经对电子邮件上瘾了。如果我们不立刻处理新邮件，就觉得浑身不舒服。我们喜欢收到重要邮件就要马上贴上标志或回复，否则会担心被对方贴上"不负责任"的标签。

就算是收到垃圾邮件，也要立刻屏蔽、删除。

如果你正在跟客户洽谈销售事宜，会不会因为提示音响起就拿出手机来回复邮件？当然不会！但为什么要在开发客户的冲刺时段回复无聊邮件呢？你明知道那些邮件根本不重要，而且就算你立刻回复了，对方也未必会以同样的速度回复过来。

如果你早起了，不妨买杯咖啡，跟我坐在办公室里，一起制作一部媲美世界地理频道的"纪录片"。只不过我们观察和拍摄的对象不是野生动物，而是广大销售人员。你会看到销售员们来到办公室后，先是坐下来喝一小口咖啡，然后一头栽进电子邮箱里，开始新一个低效率的早上。

别忘了这是世界地理频道的"纪录片"，随着镜头拉近，我们能看到销售员正在专心致志地读邮件，操着澳大利亚口音的旁白说："这位销售员想浏览一下就开始工作。但他办得到吗？噢！他好像遇到客户服务问题了。现在，他又打开了老板的邮件，上面写着'别问我怎么办，你自己想办法！'他神色凝重地盯着屏幕叹了口气，然后继续浏览其他邮件。人事部门的通知、订单状况汇报、新闻推送、广告邮件塞满了他的邮箱。哎，这链接好像很有意思，他点开了。"

3小时过去，这位销售员还在邮件的海洋中徜徉，什么都没开始干。

所以，不要一大早就点开邮箱，不会有什么好事。你日思夜想的大客户不会在半夜2点心血来潮给你发封邮件，说要和你做交易。你会在邮箱里看到老板委托了很多杂事给你；还会看到老板助理问你为什么昨天没去开公司的培训会；甚至会有充满污言秽语的投诉邮件，因为对方凌晨4点无法打通你们的客户电话。

狂热开发者的特征之一就是把上班的前一两个小时定为冲刺时段，尽可能多地电访客户。这就是伊安纳里诺建议把阅读邮件的时间向后推迟的原因。他曾解释道："一旦你得知还有很多琐事等着你去处理，你就很难把注意力集中到最重要的客户开发上。"

"不过，如果其中有一封邮件特别重要，那我该怎么办？你也知道，无视客户发来的邮件非常不礼貌。"这是不愿意面对电子邮件本质的典型提问。

当然了，电子邮件也有重要的，但重要并不等于紧急。况且，一大早就收到紧急邮件的情况十分少见。用伊安纳里诺的话说，如果别人真有急事相告，也会给你打电话或者发短信，而不是仅发一封邮件。

总而言之，请重视开发客户的冲刺时段，别把早上的大好时光浪费在电子邮件上。

用好白银时段，做好"后勤"工作

黄金时段，就是时间等于金钱的时间段。再强调一遍，要想将效率与收入最大化,就必须专注于黄金时段的客户开发与接触工作。之后，会有一系列衍生的任务要完成，但这些任务不能占用宝贵的黄金时段，只需在黄金时段的前后完成。我把这些时段称为"白银时段"。

顶尖销售会在清晨或傍晚完成较重要的非销售工作。

以下是顶尖销售在白银时段干的事情：

※ 制定目标客户名单；

※ 查询目标客户信息；

※ 其他电访前的准备工作；

※ 写提案、报告、演讲稿；

※ 制定合同，获取上级或客户同意；

※ 利用社交软件进行销售；

※ 利用电子邮件进行客户开发；

※ 制订工作计划；

※ 展开客户管理工作；

※ 回复电子邮件；

※ CRM 管理。

白银时段的工作意义在于为黄金时段的销售行动做好准备，减少后顾之忧，让我们在销售时能够做到心无旁骛。

明确你的时间价值

我曾在二十几岁时为一名企业家工作。我记得，他成功经营着几家公司，身价数百万美元。不知出于什么原因，我引起了他的注意。每次他因某些事经过我的住处时，我们都会聚一聚。

某天午饭过后，他说一周前没在公司看到我，问我那几天在干什么。我很惊讶他居然连这都记得，要知道他手下的员工有数千人，每天有大量的事情要处理。但菲力——我曾经的老板就是这样，什么都记得。

我向他解释，自己在家做维修。我还很自豪地表示自己掌握了些水道工的技巧和电工活儿，无须花钱请人。

他接着问："算上到五金铺购买更换部件的来回时间，你总共花了多长时间？"

"那两天基本都在忙这个，"接着我大声地说，"虽然用了两天，但我还是搞定了！"

他又问："那事实上到底用了多少小时？"

我想了想，回答道："总共有 12 小时吧。"

"如果你请专业水道工或电工来做，多久能完成？"

"不知道。几小时？其实都是些简单活儿，只是我不擅长，所以花的时间比较多而已。不过话说回来,哪有这么多简单的事?"我反讽了一句。

"好,那你为什么不直接请专业人士过来维修呢?"

"请维修工人多贵啊,"我说。"我自己能搞定的事为什么要花钱请他们来做?"

"到底多贵?"

"我之前打电话问了,对方要价150美元。这点简单活儿就要150美元,难道不贵?"

他拿出纸和笔,说:"行,我们来算算。你是我们最优秀的员工之一,你觉得自己今年底薪加提成能拿多少?"

我快速心算了一下,回答道:"应该能拿到75 000美元。"

他又问:"你一年实际有多少周在干销售?"

"52。"我马上答道。

"再想想。"他摇摇头。"你得除去年假、病假、节假日和开会时间,你不可能每周都在卖东西吧?"

"有道理。"

"那到底有多少周在干销售呢?"

"照你这样算的话,大概有48周吧。"

"嗯,这还差不多。那你每天有多少小时能用来销售呢?"

我开始心慌了,"6~7小时?"

"每天除去午饭和休息时间也差不多就是这个数。"接着他说:"那我们来算算,一天6小时,一周5天,也就是说一周你有30小时的销售时间。75 000的年薪除以48就是1 563,再除30就是52。52美元就是你每小时的收入。"

他先让我沉思了一会儿。

然后继续说道:"你如果在工作,每小时就有52美元的收入。你觉得 150 美元太贵，不愿请水道工。而你亲自维修花费了 12 小时，基于我们的运算结果，如果这 12 小时你是待在办公室里工作，你本可以赚到 624 美元。你现在还觉得自己动手维修很明智吗？花 150 美元请专业维修工不过是花钱买时间，而你的时间比 150 美元更值钱。"

我哑口无言。在他说这些话之前，我从来没这样看待问题。大部分人不会花时间去计算自己的价值。正因如此，他们把本可以创造高价值的时间花在一些效益极低的事情上，并因此止步不前。

仔细琢磨了老板的话，我犹如醍醐灌顶，永远记住了一条道理：必须要明确自己的价值。明确了自己的价值之后你就会明白，把每小时价值 50 美元的黄金时间花在（每小时）价值 10 美元（如把数据写入 CRM）的工作上是一种多么浪费的行为。

在管理学上，人们把花时间在无关紧要的事情上，却对重要的事情置之不理的行为称为琐事定律（The Law of Triviality）。这很好地解释了，为什么这么多销售员把无足轻重的事情当做拒绝开发客户的借口。销售人员把 50% 以上的工作时间浪费在琐事上，是十分普遍的情况。

明确个人价值能让你意识到把大量时间浪费在琐事上是多么的失策。要计算出你的个人价值，要先明确自己的年收入目标，再除以你一年中可用的黄金小时总数即可。

年收入目标 ／（工作的周数 × 每周黄金小时总数）
＝每小时的价值

当别人有事相求时，请运用上述公式衡量时间价值，再决定是接受还是婉拒。

花点时间明确自己的价值，很快你便能掌握管理时间的技巧。

进行高效时间管理的要义在于做出正确选择。你每天大概有 8 个黄金小时，如何运用它们关乎你的前程和生计。你可以选择把黄金时段花在不产生效益的事上，抱怨"他们"给你太多文书和管理工作、抱怨你有太多报告、抱怨客户不好、抱怨你能想到的一切。或者，你可以选择制定好计划，给自己设定冲刺时段，再严格地完成各个时段的目标，千万别让任何人或事打扰你、盗取你的黄金时间。

第 8 章
开发客户的四大目标

毫无疑问，开发客户的终极目标就是与客户达成交易。但事情不是一蹴而就的。在开发客户过程中，销售人员需要给自己设置一个又一个的节点目标，有的放矢，让自己的开发工作更高效、更有收获。

我专注于目标,将其他一切置之不理。

——维纳斯·威廉姆斯[1]

伟大的尤吉·贝拉[2](Yogi Berra)有这样一句常被引用的名言:"如果你不知道要前往何方,最后的结果就不会如你所愿。"可悲的是,大部分销售员在开发客户时都"不知道要前往何方"。他们像断线风筝一样随风飘荡,没有明确目标,却期望有好结果。

在前几章我也说过,我的目标就是教会你如何高效率、高效能地开发客户。换而言之,就是教你如何在数量与质量间找到平衡。

想要提高客户开发效率,首先要明确自己打每一通电话的目标。这样才能有目的地规划冲刺时段、选择最优的开发渠道组合。如此一来,你就能够更迅捷地行动,花最少的时间完成最多的工作。为何明确目标很重要?因为无论利用电话、邮件、社交媒体,还是参与社交活动

---

[1] 维纳斯·威廉姆斯(Venus Williams),1980年出生于美国加利福尼亚州棕榈城,女子职业网球运动员。她是同时代网球天后塞雷娜·威廉姆斯的亲生姐姐,所以通常称她为"大威廉姆斯",简称"大威"。——译者注

[2] 劳伦斯·彼得·贝拉(Lawrence Peter Berra,1925年5月12日—2015年9月22日),昵称尤吉·贝拉(Yogi Berra)。他是前美国职业棒球大联盟的捕手、教练与球队经理,球员生涯主要效力于纽约洋基。曾18次入选全明星赛,获得10次世界大赛冠军。——译者注

或请求别人推荐，想要与客户马上进入销售的话题、利索地提问、回答，就必须有明确目标。

所谓的目标，就是你期望的最优结果。一般来说，进行客户开发时会有四大核心目标：

※ 与客户约定会谈时间；
※ 搜集信息，甄别客户质量；
※ 敲定交易；
※ 提高客户对你的熟悉程度。

你应该根据自己实力、所在行业、潜在客户群、销售的产品等因素调整开发目标。在明确目标时，请注意以下事项：

※ 如果你销售的是复杂、高风险、高成本的产品或服务，你的首要目标就是跟决策者、有影响力的人或其他利益相关者等约定会谈时间。因为只有这些人可以助你完成交易。你的次要目标是搜集更多信息及提高相关人士对你的熟悉程度。
※ 如果你是内部销售人员，销售的是普通、低风险、低成本的产品或服务，你的首要目标就是敲定交易，次要目标依然是搜集信息。
※ 如果你是外部销售人员，通过面谈以外的渠道（如电话、电邮、短信、社交媒体）开发客户，你的首要目标就是与客户约定会谈时间，次要目标还是搜集信息。但如果你需要亲自走街串巷，上门开发客户，那敲定交易就是你的首要目标。

※ 如果你的 CRM 里有高质量的潜在客户群，你的首要目标是在他们的购买窗口期快到时及时致电，进入销售流程；次要目标是提高他们对你的熟悉程度，以求在下次购买窗口期到来时还有合作机会。

※ 如果你销售的产品或服务只在特定的时间提供（如合同到期或预算时段内），你的首要目标就是搜集信息、明确销售窗口期；次要目标是尽量提高每一位潜在客户对你的熟悉程度。如果对方的购买条件与合同期限或预算冲突，就不要浪费时间与他们会谈。明确自己的销售窗口期后，你的首要目标就是与符合条件的客户约定会谈时间。

※ 如果你是行业新人，或是在一家创业公司工作，你的首要目标就是搜集信息，分辨出哪些人是决策者、摸清他们的购买窗口期、了解他们的预算；次要目标还是提高客户对你的熟悉程度。

开发客户不等于闲聊

开发客户，在很大程度上就像篮球或足球等对抗性很强的运动。绿茵场上，就算是经验最丰富的前锋，带球进入禁区时都难免会和对方的防守球员产生身体接触。同理，无论你的销售技巧有多高明，想要高效能，你就必须明确目标、敢于向客户提出问题；想要高效率，你就必须在特定的开发时间里接触尽可能多的潜在客户。

开发客户不是让你去与买家聊天或建立友谊，你的目标是与他们约定会谈时间、甄别他们是否合格、提高他们对你的熟悉程度，并在时机成熟的时候，果断地把他们引入正式销售流程。要达成上述目标，你并不需要高超的手法或复杂的技术。

你没有本钱去和客户闲聊，或朗读毫无用处的冗长讲稿。你必须紧贴目标，迅速问出必要的问题，然后进入下一个步骤或拨打下一个号码。

约定会谈：把时间放到对方的日程表上

约定会谈时间可以说是销售流程中最有价值的一步。

所谓会谈，其实就是同时符合你与客户日程安排的会议。你们会在约定的时间里，用面谈、视频通话、电话、线上会议等方式详细探讨合作事宜。

很多销售把"什么时候都行""这电话随时有人接""下次再说"等回答当成是客户对进行会谈的承诺。事实上，以上说辞并不是约定会谈的信号。如果你觉得是，还煞有介事地纳入日程中，就完全是在自欺欺人。

只有客户提出了具体会谈时间，才能算是约定达成。回想一下，你曾多少次去赴一个没有结果的约会。你等了很久，对方依然没来。打了几通电话后，你终于醒悟过来，对方不会现身了。为什么会这样呢？其实对方一开始就没打算与你会谈，只有你自己当真了。把精力花在没有成交可能的客户身上，无异于对牛弹琴。

前不久，我与一名向制造业的中间市场买家销售固定设备的客户共事。我的团队曾为他所在的公司提供培训，培训结束后我会找一个人后续跟进，他就是我跟进的对象。以下是我们某天的谈话：

"阿曼多，你的工作进展如何？"

"还行吧。"（他叹了口气）

"还行？什么意思？"

"你教的约定会谈的办法好像不太管用。"

"为什么？"

"客户根本不赴约。"

"不赴约的客户占多少百分比？"

"不太清楚，大概有80%吧。"

"跟我讲讲最新的那个。"

"那个客户是大马机构（AmCorp）的人，叫杰西卡·汤姆森。以前没跟我们做过买卖。我跟她约好了去验货的时间，但我今天早上10点给她打电话，却没人接听。多打几次之后，她的助理接了电话，说杰西卡去旅行了。"

"她之前是否回复了你邀请会谈的电子邮件？"

"呃……没有，我没发。"

"你怎么不发呢？"

"我上周给她打电话的时候，她说她很忙，但很乐意下次再跟我会谈。她还说我早上随时可以打给他。我问她10点如何，她说没问题，什么时候都行。"

"那你觉得，她这到底是跟你约好10点会谈？还是在应付你？"

"照你这么说，那就是应付咯。"

一番交谈后，我把阿曼达之后一周的日程安排检查了一遍。果不其然，几乎所有都是客户没有明确给出具体时间的单方面"会谈"。

这就是自欺欺人的典型例子。所以真正的会谈约定，不仅要存在于你的日程表上，更要存在于对方的日程表上。你和客户要在具体的时间、地点谈生意（不论是线上还是线下），这才叫约定的会谈。

先遴选，再会谈

我非常爱看少年棒球联赛，因为我觉得联赛就像历练场，能培养少年们的品格，让他们学会与输赢有关的法则。

几年前，我的儿子在参加少年棒球联赛时有幸遇到一位名叫桑德罗的教练。他很用心，在孩子们身上投入了不少精力和时间以使他们爱上这项运动，这给我们做父母的带来了不少启发。

有一场比赛，两队的比分相同，进行到第六轮时我队已有两人出局，赛况相当激烈。但我们有一名跑垒员①成功跑到了三垒，现在只要击球手能击中目标，我们就能赢下这局，进入加时赛。

在击球手准备就位时，桑德罗拉住他，进行最后的鼓舞。他跪在10岁的小男孩面前，握紧他的衣领嘱咐道：

"无论如何，别打烂球。"

说完后，桑德罗回到了教练席中。短短的一句话，却深深地震撼了我。因为这句话不仅适用于棒球运动，也适用于我们的销售工作和人生。

如果你（或看过你的孩子）打过棒球或垒球，你就肯定见过接球手朝着难以接住的暴投球拼命奔跑，最终失去平衡狼狈跌倒。这看起来挺搞笑，但大部分的球迷、球员和教练看到之后都会不约而同地发出"噢"的一声。他们是在感叹，这球明显接不到，接球手却还要拼命追赶。

在销售中也是如此。每天都有数不清的销售人员把时间、精力、情感浪费在不可能接到的"烂球"上。这些糟糕透了的交易要么无钱可赚，要么超出预算，要么找不到决策者，要么购买力不足。

这些糟糕的交易，外人一看就知道没有成交希望，死抓不放只会浪费时间。但不知是当局者迷还是自欺欺人，销售们对各种明显的失败迹象熟视无睹。他们仍把糟糕的交易、客户纳入销售渠道和日程安排，

---

① 跑垒员，又称作跑者，是棒球（或垒球）中的名词，指已攻占在垒包上的攻击球员。跑垒员在进垒时应依逆时针方向触踏一垒、二垒、三垒及本垒，才算得分。若跑垒员被迫返垒，仍须依顺时针方向顺序返回。——译者注

把大量时间浪费在毫无意义的事情上。

这些销售的结局往往只有一个：三振出局。

精明的销售都会主动地遴选高质量客户。他们非常清楚时间就是金钱，跟进不会掏钱的客户等于浪费时间。他们也知道高质量客户十分稀少，所以会花大量时间寻找这样的客户。但他们绝不会与无交易意向的人多讲一句。

那么如何分辨潜在客户的质量高低呢？首先，你需要在开发客户的过程中不断搜集信息。只有在确定了对方是会购买产品的准客户时，约定会谈时间才是你的首要目标。其他任何情况下，你必须优先搜集信息，判断对方是否有意购买。

如果我画一个扇形图，统计你的 CRM 或目标市场中（如果你在创业公司工作，还没有建立数据库的话）各种质量的客户数量，大致的数据状况会像这样：

※ 永远不会变成你真正客户的人所占比例非常小。这些人要么已经不做生意，要么你获取到的有关信息是伪造的。

※ 处于购买窗口期、完全合格的优质客户（有意与销售会谈或直接购买）所占比例也比较小。

※ 全合格的优质客户比上述二者所占比例稍多。你知道谁能左右他们的决策，也知道他们的预算和自己的竞争对手。区别在于，这一部分客户由于预算或合同约束等问题，不处于购买窗口期。

※ 半合格的客户所占比例第二大。你有一些他们的相关信息，但并不完整。

※ 普通潜在客户所占比例最大。你没有他们任何的相关信息，就算有，也是过期的。

作为职业销售员，你必须从数据库中遴选出最有购买潜力的一批客户，然后只把时间花在他们身上。要做到这点，意味着你要：

※ 与高质量或处于购买窗口期的客户约定会谈时间。
※ 持续跟进那些质量合格但尚未进入购买窗口期的客户。
※ 对完全不熟悉或只掌握少量信息的潜在客户，你需要搜集更多信息，摸清他们的购买潜力，了解他们的购买窗口期。
※ 对信息虚假的、已经破产、预算不足……因各种原因永远无法谈成生意的买方，直接删除相关记录即可。

可能有些销售专家会强烈建议你先与所有客户约定会谈时间，再慢慢遴选。他们之所以这么说，是因为看到有太多的销售员把遴选客户当成不打电话开发客户的借口。所以他们建议先约定会谈时间，然后在会谈的过程中进行质量甄别。

如果你符合下述的几种情况，照做也无妨。

※ 你销售的产品或服务具有非契约性。
※ 你的潜在客户一般来说都有购买意愿，因为他们离不开你的产品。
※ 相关交易不需要设定预算周期。
※ 买方的决策者总是同一个人。

但是，如果你销售的产品或服务很复杂、具有契约性（尤其是涉及一个或多个卖方的独家经营权时）、销售周期较长、需要高层决策、有明确的预算周期或相关预算需要提前获批，你最好还是先遴选客户，再约定会谈。

"别打烂球",找准出击时间

想要做好客户遴选工作,你首先要明确接触优质客户的最佳时机。有太多公司(尤其是创业公司和小公司)、销售机构和销售人员因把握不好出击时机而失败。出击时机,包括但不限于在客户购买窗口期之前接触客户的最佳时段。

不清楚出击时机的销售,就像不知道"好球区"在哪儿的棒球击球手,会无可避免地打出许多"烂球"。如果你在大公司工作,要搞清楚出击时机很简单,去找销售经理或者比你干得好的同事吧。这些人一般会有你想要的信息,包括客户公司的决策人、常规交易的金额大小、购买窗口期和相关合同条款等。根据这些信息,你就能大致摸索出何时出击才能"一招致命"。

如果你在小公司或创业公司工作,先从分析(你销售的)产品或服务的优劣势开始。随后观察你目前最优质的客户,找出他们的共同点。你还需要分析正在敲定的交易,找出打开客户购买窗口的触发事件。再根据上述信息,揣摩接触客户的最佳时机。另外,你要清楚经常合作的客户在他们公司里的职位,进而明确最有可能跟你长期合作的都是什么类型的人。

确立了优质客户的标准后,你就该以这个标准衡量潜在客户和当前正在进行交易的客户。如果他们与标准相去甚远,你最好把时间花在更有价值的目标上。

当然,这并不意味着只能让最符合标准的潜在客户进入你的销售渠道。在某些情况下,你可以冒着扑空的风险,在"好球区"外击球。但是,经过计算、有数据支撑的风险交易与一眼就该甄别出的糟糕交易完全是两码事。

总之,你的最终目的就是让自己的销售渠道里充满优质客户,做一笔笔有希望成交的交易。为了达到这个目的，狂热开发者会在日常的开发工作中不断地从数据库中遴选出合格客户。

请记住："别打烂球。"

销售的终极目标——敲定交易

如果你销售的是交易型、低风险或相对廉价的产品，通过电访和上门面谈的方式开发客户时你应该力求接触客户后马上敲定交易。如果你通过电子邮件、手机短信、社交媒体等渠道开发客户，你的首要目标就是把开发性交流尽快转化为销售谈判。

由于你必须让对方马上花些时间与你进行销售谈判，尽快敲定交易就没那么简单了。

一般而言，电访和上门拜访的开发方式最有可能马上敲定交易。要想把握住机会，你就必须要表现自信，提出能判断客户购买意愿的问题，随后决定是否提议马上进行交易谈判。如果对方同意，你们即可就深层次的问题进行协商，最后提出解决方案，敲定交易。上述流程用时不过几分钟。要想成功，你就必须做到镇定自若、信心满满，并对销售的基础流程了如指掌。

单次电访的敲定交易技巧不在此章的讨论范围。但在第14、15和17章我们会讨论如何巧妙地让最初表示抗拒的客户与你进行交易谈判。

和客户混个熟脸

通过分析不同销售人员和团队的数据，我们发现：

※ 平均需要1～3次接触才能重新拉回老客户。

※ 平均需要 1～5 次接触才能让处于购买窗口期、熟悉你和你所销售产品品牌的准客户进入正式销售流程。

※ 平均需要 3～10 次接触才能让非常熟悉你和你所销售产品品牌，但不处于购买窗口期限的准客户进入正式销售流程。

※ 平均需要 5～12 次接触才能让通过集客式营销吸引的潜在客户进入正式销售流程。

※ 平均需要 5～20 次接触才能让相对熟悉你或你所销售产品品牌，而购买窗口期又不确定的客户进入正式销售流程。

※ 平均需要 20～50 次接触才能让完全没听说过你或你所销售产品品牌的潜在客户进入正式销售流程。

根据你的品牌知名度、地理位置、开发渠道、产品或服务的特性、行业类别等，你可能会觉得以上数字偏高或偏低。其实那只是平均数。

但数字不是重点，重点是数字背后的深意。这些数字表明，你和客户接触的次数，会影响客户对你的熟悉程度。客户对你的熟悉程度在开发过程中有着举足轻重的作用。潜在客户对你或你的公司越熟悉，就越有可能接听你的电话、回复你的邮件（短信）、接受你在社交网站上发出的好友申请或在当面接触时跟你详谈。在第 11 章，我们会详细讨论熟悉度原则。

一般而言，提高客户对你的熟悉程度是开发过程中的次要或第三目标。但在战术性开发（strategic prospecting campaigns）中，就有必要将其视为首要目标。客户对你的熟悉程度来源于多次开发效果的累加，所以保持跟进是基本要求之一。如果你仔细观察，会发现懂行的专职销售能综合利用各种开发渠道，来系统地提高客户对自己的熟悉程度。

假设现在你做了不少调查工作，拿到了制造行业内 100 名业务经理的姓名和联系方式。此时，你并不熟悉他们，他们也不知道你是谁，可能连你公司的名字都没听说过，更别说购买你的产品或服务了。

在这种情况下，你可能需要多次接触同一名业务经理，才有可能正式进入销售流程。这既费时又费力。想更高效地引起他们的注意，你可以尝试综合运用电访、发邮件、在社交网站上发送好友申请和参与对方会出席的展销会等方法。进行战术性试开发，旨在让客户对你的印象从无到有，为进入下一步销售流程做好铺垫。以下是一些具体做法：

- 发语音邮件，这样对方就会听到你或你公司的名字，印象自然会越来越深。
- 发电子邮件，这样对方就会看到你和产品品牌的名字，对你的熟悉程度也会逐渐加深。
- 在社交网站上发送好友申请，让彼此更加熟悉。
- 给他们在社交主页上发布的内容点赞或评论。
- 在展销会上与他们当面接触，让他们看到你本人，再呈上自己的名片。

总而言之，如果你没有计划，不清楚自己的目标，开发效率就不会得到提升。即使你花费了大量时间，依然收效甚微。相反，如果你准备好目标客户名单，明确自己的目标，在特定时间段采用一种开发渠道，必要时再辅之以战术性开发，就能够大大提高开发效率和成功率。

第 9 章

构建你的客户金字塔

　　面对一长串潜在的客户名单,你会先给哪位打电话?开头的第一位吗?不对,应该是先打给最有可能与你达成交易的那位客户。高价值的客户永远应该是销售人员的目标。只是,潜在客户的质量良莠不齐,似乎难以筛选。解决办法很简单——建立客户金字塔。

> 组织性,是乌合之众与训练有素的军队的唯一区别。
>
> ——卡尔文·柯立芝[1]

当你一早来到办公室,准备电访客户,你会先打给谁?

去年,有一家公司聘请我为他们的销售团队进行客户开发培训。当时,他们的销售额离目标还有一大段距离。于是他们的CEO向我公司求助,希望能扭转颓势。

他们的办公环境舒适宜人,现代感十足。硬件设施也非常先进,他们使用的是最新、最高级的CRM,拥有大量真实的客户信息与完整的通讯记录。此外,他们还有专门的社交软件和强大的商用智能工具,能让他们更深入地了解潜在客户。而且这些都整合到了CRM,使用起来十分方便。销售主管要求团队成员每天早上8点准时开始用电访的方式开发客户、约定会谈时间。

我向大家做了简单的自我介绍,然后搬了张椅子坐在角落,开始观察。这期间,我主要在留意离我最近的那位销售员的一举一动。经

---

[1] 卡尔文·柯立芝(Calvin Coolidge),1923—1929年任美国总统,是美国第30任总统。——译者注

过一小时的观察，我问了他一个简单的问题："当刚开始一天的工作时，你如何决定第一通电话打给谁？"

他一脸疑惑，眼珠子转了一圈，似乎在寻找"标准答案"。想了将近 10 秒后，他终于回答："我不知道，登录 CRM 后我就开始打了。"

其他团队成员的答案都大同小异。可见，他们的开发工作没有任何的条理、节奏或模式可言。用他们的话说，就是早上来到办公室，打开 CRM，用其自带的筛选工具生成客户名单，对着名单上的第一个号码开始打电话。

这就是他们难以完成目标销售额的原因。这种随机的电访，其实是在浪费时间。他们没有提前制订计划、没有目标、没有任何遴选流程。长此以往，其结果就是匮乏的销售渠道与质量欠佳的客户。为何欠佳？因为在目标的压力下，他们已"饥不择食"，不会去筛选客户，只能抓到谁算谁。

电访时段结束后，我把团队成员召集到培训室。我先在演示白板上画了个三角形（金字塔）。然后问："一大早拿起电话时，你们如何决定第一通电话打给谁？"

所有人都茫然地看着我。一阵沉默之后，终于有名年轻的销售代表说："我通常会选客户名单上的第一个，名单上第一个是谁就打给谁。"

我追问道："你有没有想过，其实你可以制订更有意义的目标客户名单？"

他沉默了。

"好，那我换一种方法问。假设你可以打给任何人，你会优先打给谁呢？"

他们开始思考了。过了一会，终于有人开口："最有可能掏钱购买产品的人？"

"答对了！完全正确！"我又问，"那你要如何辨别哪些潜在客户更有可能购买？哪些只是观望一下就算了呢？"

又有人说："有预算的客户。"

这才像话。

另一个说："合同快到期的客户。"

坐在后排的几个人相继说道"熟悉我们的客户""大客户""雇员超过 50 人的客户"。

大家都开始踊跃发言。

"给我们打过电话或者填过公司在线调查表的客户。"

"在展销会上光顾过我们摊位的客户。"

"上次没有成功约出来的客户。"

……

他们可算是开窍了。

六层客户金字塔

在开发过程中遇到困难的销售，通常把潜在客户数据库看成是正方体。换句话说，他们的开发行动与随机调查无异，从来不讲究优先次序。

他们成功开发出优质客户的概率表明，随机电访的效率十分低下。因为电访对象的质量参差不齐，对方可能有购买欲，也可能没有。一般来说，恰巧处于购买窗口期的客户总归是少数。所以从数据上看，随机电访的结果肯定不理想。采取这种开发方法的销售很难在一两个小时的开发时段内取得实质性的进展。错误的开发方法带来了更多拒绝，销售额、收入、自信和自尊心也随之呈下行趋势。

反观顶尖销售员，他们绝不会把希望寄托在运气上。相反，他们会亲自制定目标客户名单，力保开发时段高效率、高效能。他们会分析潜在客户的购买力、购买欲，将其分为不同层级；还会在必要的时候调整自己的开发时间，以迎合高质量客户的购买窗口期。

总而言之，在顶尖销售员的眼中，他们的客户数据库就像是一座金字塔：

※ 金字塔的最底层（即第一层）是千千万万的普通潜在客户，这些人的已知信息不多，仅有公司名称和联系方式（这些信息是否属实也有待考证）。在接触这一层级的客户时，你的首要目标是核实相关信息，搜集更多未知信息，把不合格的筛掉，把符合条件者往金字塔的上方挪。

※ 金字塔的第二层，是已知信息稍多的潜在客户，这些信息包括电子邮箱等联系方式、产品使用者的电话号码、他们的购买预算和其他统计数据。理想情况下，可能还会有决策者的联系方式。在接触这一层级的客户时，你务必要明确对方的购买窗口期和利益相关者。

※ 再往上走，这一层是明确了购买窗口期的潜在客户。他们相关信息非常齐全，包括与决策人完整的通话记录，和他们在社交网站上的信息。在接触这些客户时，要注意客户培养。换句话说，一定要注意跟进，保持一定程度的联系，尤其是在对方购买窗口期临近时。

※ 金字塔的第四层是购买力非常强的客户，一旦拿下，销售人员的收益会非常可观，因此在优先级排列上应该靠前。但这些人的数量一般不会太多，视行业具体状况可能有几十到上百人。接触这一层级的客户时同样要注意客户培养，但优先度更高。你需要明确对方的购买窗口期和所有利益相关者。另外，要注意提高他们对你的熟悉程度，留意可

能打开购买窗口期的触发事件。

※ 金字塔的第五层是通过集客式营销和熟人推荐后,主动联系你的客户。这两种客户需要马上跟进,明确对方有购买意愿后立刻进入正式销售流程。

※ 金字塔的最顶层是质量最优的客户,他们因合同期满、预算周期到来或触发事件等因素正在进入购买窗口期。这些是优先级最高的客户,应该是你在每日开发工作中,最先联系的人。至于目标,依然是尽快进入正式销售流程。

你需要每天系统地搜集信息,确认购买窗口期与利益相关者。随后,根据相关信息遴选客户,将质量不一的客户划分到金字塔的不同层级(图9.1)。

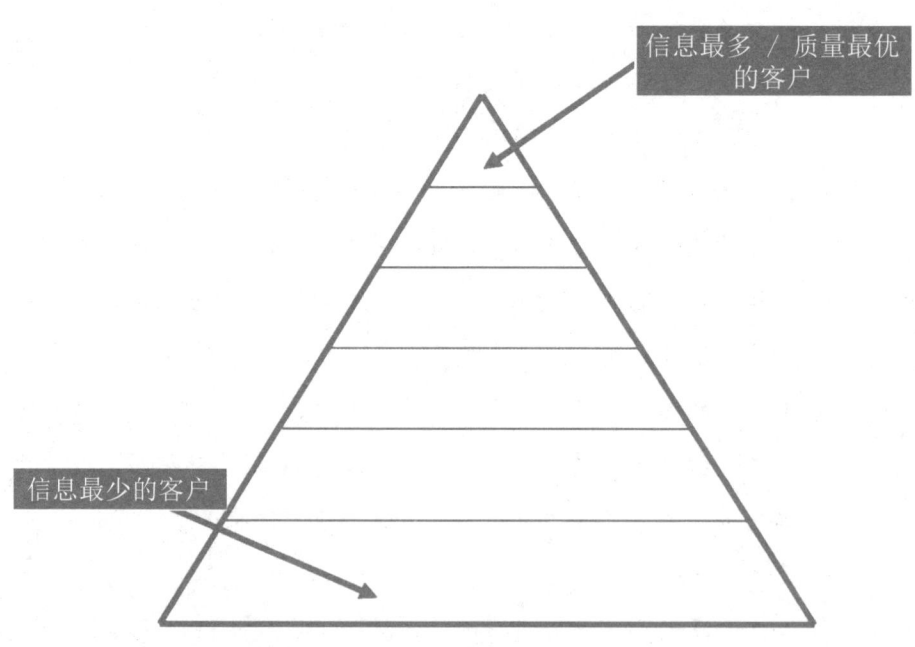

图 9.1 开发金字塔

没有优质名单，哪来优质客户

想要做一名高效率、高效能的开发者，就从制作有指向性的优质客户名单开始。名单之于客户开发，就像铁轨之于火车。有了这份指向性很强的名单，你无须再把时间浪费在寻找优质客户上。反而能在有限的开发时段内，专注于不同的目标。

可悲的是，大部分销售人员在开发客户时，只拿着一张随意生成的名单，不少人连名单都没有。而大多数公司也不会给自己的销售代表提供目标客户名单。就算有，也是粗制滥造的劣质名单。

当然，优质的客户名单不是想做就能做的。其前提是自律自强、持之以恒地做好资料搜集、客户遴选等工作。很多销售员没有优质的客户名单，不是因为他们不想做，而是做不出。相比之下，打开CRM，随意生成一份名单，然后照着第一个号码开始打，要简单得多。

听好了：除了心态，**最能决定你能否在开发时段取得成果的，就是目标客户名单**。即是说，如果你的名单上是经过认真遴选的优质客户，你就很有可能在开发工作中取得丰硕成果。

如果你真想取得一定的客户开发成果，不妨参考以下建议（可以根据自身具体情况，增添其他方法）。

❀ 根据不同目标，如约定会谈时间、搜集信息、敲定交易等，对名单中的客户进行分类。
❀ 根据不同开发渠道,如电访、电子邮件、社交媒体、手机短信，对名单中的客户进行分类。
❀ 切记要把高质量客户安排在名单的前方，较差的客户应筛掉或排在后方。
❀ 请将你认为更有可能达成交易的客户安排在名单的前方，

反之应筛掉或排在后方。

※ 按邮政编码、所处时段、所在方位等因素筛选出适合接触的客户。

※ 及时跟进通过集客式营销吸引来的客户，排入当天工作名单中的适当位置。

※ 把购买力超强的客户纳入名单，尽力争取。

※ 根据决策者或利益相关者扮演的角色、客户与你的熟悉程度等调整处理优先级。

※ 了解所在行业或市场中有哪些垂直供应商，根据相关信息调整处理优先级。

※ 留意是否快到季节性客户的购买窗口期，如果是，就把他们纳入名单及时跟进。

※ 罗列完优先级较高的客户后，可以增添一些不常联系的老客户，通过再接触重新激活。

※ 在展销会或产业会议上新认识的潜在客户，也应该出现在名单上。

开发客户，赶巧不如赶早

上述的遴选方法，有些可以整合到 CRM。你要利用其自动化功能，简化名单制作过程。你可以预设好遴选标准，让系统自动评估、汇报相关信息，但有些筛选工作还是得手动完成。

无论何时，你的数据库中都只有一小部分潜在客户处于购买窗口期，而你必须赶在他们完成采购或窗口期提前结束前，争取到他们的订单。要做到这一点，你最好在状态最佳的上午致电这些客户。

想让新一天从成功开始，想在一整天的工作中信心满满、动力十足，就从一大早接触这些客户开始吧。这些金字塔顶层的客户正处于购买窗口期，与他们约定会谈时间、展示产品和敲定交易的难度系数比较小。难道这还不能让你信心倍增吗？

处理完金字塔上层的优质客户后，你应该把注意力放在中层客户的遴选与培养工作上。最后再开始甄别、筛选底层客户。

如果你能坚持每天从最上层的客户入手，就会有充裕的时间系统地遴选金字塔中下层的客户。这会为金字塔的上层源源不断地补充客户，形成良性循环。长此以往，你会发现客户开发工作越来越顺利，销售渠道充满许多优质客户。

明早去到办公室后，请你先看看自己名单上的第一个名字，想想这是不是最值得接触的潜在客户。然后，尽快熟悉 CRM 的筛选和分类功能，构建你自己的客户金字塔。

第10章
用好你的武器——CRM

　　CRM 对销售人员有多重要？也许就像士兵手中的枪，武士手中的剑，是制胜法宝。用好了 CRM，能让你的销售工作事半功倍。可如果你把它当成可有可无的鸡肋工具，那你将失去最容易获取的竞争优势。

销售工作中代价最大的事,莫过于把时间浪费在无望的客户上。

——杰布·布朗特

我非常讨厌讨论 CRM,因为这既无聊又累人,而且没人爱听。说实话,写这章的过程非常痛苦,但必须得写。因为 CRM 虽然枯燥,却非常重要。

为什么说 CRM 是最重要的销售工具

许多销售都不愿意直面这残酷的现实:

在所有销售辅助工具中,对你的长期收入影响最大的,永远是 CRM。它是你养家糊口的得力助手,现在如此,未来亦然。虽然 CRM 不决定你卖什么,但相信我,只要管理得当,它就是一只会下金蛋的母鸡。

下面几点原因,足以说明为何 CRM 是最重要的销售工具,更足以说明作为销售人员的你为何要对它另眼相看:

※ 因为 CRM 能够记录众多详细的客户信息和使用者的任务进度。
※ 因为 CRM 是减轻工作压力的好帮手,能够让你的销售渠道井井有条,确保你的交易、与客户的关系在正常轨道上。
※ 因为 CRM 能将庞杂的客户数据进行分类,还能根据单个或多个筛选标准生成目标客户名单,让你在开发工作中的效率和效能大幅提升。
※ 因为 CRM 能助你系统地遴选优质客户,填充开发金字塔的上层。

其实 CRM 就是让信息管理和查找变简单的归档系统,其核心功能是:替你记住重要的事,并在这些事需要跟进时提醒你。你要明白,你不可能在快节奏的销售工作中记住所有的事情。但销售中的每一个环节都很重要,所以你需要用心经营你的 CRM,以防止疏漏,减少损失。

做 CRM 的主宰者

CRM 有个秘密:如果你不成为它的主人,就永远无法发掘出它的真正潜力。成为 CRM 的主人,就相当于成为 CRM 的 CEO,这意味着你必须:

※ 全权负责保持 CRM 的完整性。
※ 经常更新记录信息,告别常因一个月没更新记录被销售经理破口大骂的自己。
※ 在电访时勤做笔记,然后根据笔记把通话记录写入系统。
※ 拿到潜在客户的名片后,记得把他们的信息写入系统中。

※ 不再抱怨 CRM 如何复杂、如何难用，而是通过不断尝试在实践中摸索。

狂热开发者对自己的 CRM 了如指掌，是它的主人。对他们来说，CRM 就是目标客户名单的来源，是高效率、高效能开发工作的保证。如果你也想成为狂热开发者，就必须把自己的 CRM 运用得炉火纯青。

有一名很有天赋的销售代表在我公司工作过 9 个月。虽然他懂得销售的门路，但他的销售渠道总是处于匮乏状态，销售额也从未达标。后来，我们实在看不下去了，于是帮他寻找其中的原因。调查之下，我们发现他来到我们公司这么久，只登录过 CRM 一次。可惜已来不及补救，我们只能请他另寻高就。

有些销售并不认为 CRM 能给他们带来收益。他们不会主动地更新 CRM，而是在销售经理的不断催促和公司的要求下，才勉为其难地去做。这完全是一个心态问题：普通销售时常把自己看成是打工者，但狂热开发者恰恰相反，他们做自己的 CEO。

我可以讲出一长串做自己的 CEO 的好处，告诉你不这样做的严重后果。但无论我说什么，能真正让你改变心态，去发掘 CRM 潜能的，永远是你自己。如果你仍然对自己的客户数据库疏于管理，我也只能说，你将永远是个失败的销售。

垃圾桶里挖不出金子

大多数情况下，销售人员都把自己的 CRM 当成是垃圾桶而非金矿。他们从不录入通话笔记或通话记录，也从不更新客户资料。这些细节上的遗漏，大大拉低了 CRM 的价值，破坏了其完整性。这会使销售在开发客户的过程中一头雾水，完全不清楚哪些人是优质客户、该在什么时候接触客户、该怎样接触。这样又怎能创造好业绩呢？

在搜集信息、筛选客户的过程中，你能深切地体会到构建、管理CRM的重要性。对用心经营CRM的销售而言，甄别客户质量易如反掌。他们还能了解到客户需要何种产品、购买量一般是多少、竞争者有谁、会有什么触发事件和客户的购买窗口期。

打造自己的CRM，就像玩拼图游戏，费时费力，有时候甚至让人觉得收效甚微。我经常看到有销售代表因电访不顺而垂头丧气。但很少人会这样想：虽然这通电话没有成功拿下客户，但我起码知道了对方的决策人是谁，离"完整的拼图"又近了一步。我们不应忽视这些潜在的成功，它们累积起来有巨大的价值。

在打造、修缮金矿般的CRM时，我始终秉持的信条是：将每个客户、每个细节与每次互动统统录入CRM，做好翔实的笔记，绝不拖延、绝不走捷径。如果你能在管理客户数据的过程中实践我的信条，你迟早也能收获第一桶金。

第11章
让客户熟悉你,而不是远离你

请回想一下,什么样的客户最有可能接听你的电话、回复你的短信、通过你在社交平台上的好友申请?一定是对你有所了解、熟悉、信任你的客户!客户对你的熟悉度,从一开始就影响到了你是否能与之达成交易。所以,请记住:让客户记住并熟悉你!

在游历世界各地后，现在我更喜欢回到常待的地方。因为熟悉的感觉让我心生愉悦。

——路易斯·努尔丁

你的潜在客户对你个人、你销售的品牌或你的公司越熟悉，就越有可能会接听或回复你的来电、打开你的邮件、通过你在社交网站上的好友申请、回复你的短信、接受你线上线下的讨论邀请，也更有可能会点开你提供的下载链接、更愿意参与到销售会谈中，并最终购买你的产品。

这就是熟悉度原则。

数据显示，要接触20～50位对你或你的公司知之甚少（或闻所未闻）的客户，才能有一人进入正式销售流程。但如果销售对象对你个人、公司或品牌非常熟悉，那只需要接触1～10人，就能进入正式销售流程。

过低的熟悉度，是销售们常吃闭门羹的原因。换句话说，如果潜在客户对你不熟悉，那么他们很可能会拒绝你的任何推销行为。

跨过熟悉度临界点

因此,你应该花时间和精力提高潜在客户对你的熟悉程度。熟悉度相当于客户开发过程中的润滑剂,只有客户熟悉你才会放心地与你交流。

如果潜在客户对你的品牌有一定了解,他们可能会非常乐意与你交谈,进而与你建立一种直呼其名的朋友关系,即使他们并没有要购买你产品的意愿。基于这一认识,KiteDesk 公司 CEO 肖恩·伯克提出了"熟悉度临界点"(familiarity threshold)的概念。如果客户对你的熟悉程度超过此临界点,你就能够以更私密的形式与其交流。如社交网站私信或手机短信等,无须担心对方会心生厌烦。

然而在与大多数潜在客户打交道的过程中,你都无法跨越你们之间的熟悉度临界点。因为你无法在每名客户身上都投入大量时间,让他们对你信任有加。要想跨越这一临界点,你不仅需要用对技巧、投入大量精力、情感、时间,还得具备一定才智。

因此,作为一名销售员,你必须认识到让客户熟悉自己是一件非常重要的事情。你还要根据与客户的熟悉程度生成自己的目标清单、制定开发客户的战术和策略,将你有限的时间与精力集中投入到最有价值的潜在客户身上。

5 个办法,提高客户对你的熟悉度

那些资深销售员总能很轻松地把产品卖出去,是因为他们掌握了熟悉度原则。多年培养起来的客户熟悉度造就了他们今天的业绩。仔细研究之下,你会发现他们主要凭借 5 大手段来提升客户对自己的熟悉度,以达成销售目的的。

每天去客户那里"报到"

首先,你需要每日坚持开发客户。你每打一通电话、发一封电邮、递出一张名片、留下一封语音邮件和见客户一面,都会增加客户对你的熟悉程度。你的坚持,会让客户对你的熟悉度不断累积,最终给你想要的回报。而随着你开发的客户越多,你对当前的客户数据库也越熟悉。

主动开口,请人推荐

"嗨!罗恩!你不是说还与你的前东家有联系吗?那你是否知道对方是谁在主管销售培训?"罗恩是我的一家大客户公司的决策者。

"我与前东家确实有联系,它们的销售培训负责人名叫玛丽·沃克。之前是我的老部下,人很好,你会喜欢她的。"说着他拿出手机点开通讯录,"我给你找找她的电话号码。"

不一会儿,我拿到了那位女士的联系方式。接着我又问:"能不能麻烦你给她打个电话简单介绍一下我?"

他抬起头看了我一眼说:"当然,没问题。"接着,他拨通了玛丽的电话:"向你介绍个家伙,他叫杰布·布朗特,曾帮助我们研发过销售培训课程。你们应该见一面,待会儿他会打电话给你。"

从上述对话可以看出,推荐与介绍是让潜在客户熟悉你最直接、最有效的途径。熟人推荐之所以能立竿见影地提高你的可信度,是因为潜在客户信任你的推荐人。下面我将列出3种基本推荐方式:

1. 你可以找有过愉快合作经历、并信任你的客户作为你的推荐人,我把这称作客户推荐。获取客户推荐的关键在于循序渐进地采用规范而系统的步骤。

2. 来自熟人、朋友或家人的推荐叫作私人推荐。这些都是熟悉你，并真心愿意把客户介绍给你的人。你需要做的是花时间跟他们介绍你的工作内容，让他们了解你具体需要什么样的客户。还有，你得时不时提醒一下他们，免得他们把这事忘了，这非常重要。

3. 专业推荐一般来自你在相关行业中结交的专业人士，或者目标客户群跟你一样但和你不存在竞争关系的销售同行。与上述两种人结交，对彼此的事业都大有裨益。要想获取更多专业推荐，你就需要有意识地构建并扩展自己的专业人脉网络，并持之以恒地投入精力维护已建立的关系。

本人读过数十本关于如何获得推荐的书。那些书给出了相当好的建议和小诀窍。为了节省时间，我在此列出它们共同的要点：

1. 让客户非常满意。
2. 主动请求推荐。

就是这么简单。上个月，在我主持的一场电子商务销售代表会议上，我问道："认为自己给客户提供的服务非常周到的，请举手。"

所有人都举起了手。

"好，那在上周至少被推荐一次的，请举手。"

所有人都把手放了下来。

"那上个月呢？在上个月被推荐过的请举手。"

依然没人举手。

"那上一个季度呢？"

终于有一个人举手了。

"上一年呢？"

整整 100 名销售中，只有 3 人举手。

我并没有很讶异。因为类似的情况我已经见过很多。很多销售不主动请求推荐，原因很简单，无非是害怕被拒绝，或是压根没想过。

其实，如果对方是对你挺满意的客户，那请求他把你推荐给别的客户并不会显得很唐突，难度和风险也不大。你可以这样请求推荐：

"帕特里夏女士，再次感谢您的惠顾。听说您对这次合作感到满意，我们非常开心。我正在努力开发更多像您这样的客户，能否劳烦您把我推荐给贵圈中的朋友？"

这只是其中的一种说辞。有策略性、有效果的说辞还有不少，还有许多其他渠道能帮助你更容易地获取推荐。但最重要的，是要主动开口去问。

积累你的人脉资产

一周 7 天中，你总能在自己的工作场所（办公室、负责的销售区域等）找到构建关系网的机会。首先，你要调查自己负责的区域内会议室和展馆的确切位置。随后在搜索引擎上查询该区域内公司的相关信息。最后，询问潜在或当前客户打算参加什么活动、出席什么会议。

然后就上吧！去结识更多的人，了解他们的背景。你自然就能获得更多线索和推荐。因为面对面交流永远是提高双方熟悉程度的最佳方法。下一章我会重点论述如何在社交中开发潜在客户。记住，没有关系网，在社交中开发客户就无从谈起。

木讷呆板、反应迟钝的销售员，不可能有宽广的人脉。因为没有人会在意你是谁、你要说些什么，人人都喜欢与别人谈论自己。

你在社交场合中不是去叫卖的，也不要想着跟别人约定会谈时间，甚至直接敲定交易。你的目的只有一个：结识更多的人。等你们建立了良好关系，再谈正事也不迟。

如果不知道与对方聊什么，就从提问或倾听他人的对话开始，引起了他人的注意，自然会有话题。马娅·安杰卢[①]（Maya Angelou）曾说："别人会忘掉你的身份、你的言语，但会记住你带给他们的感受。"请在构建人脉关系网时将这句话谨记于心。

当关系建立后，别忘了跟进，这非常重要。你可以通过手写信件的方式，趁热打铁地提高别人对你的熟悉程度。在信中切记要提到你们之前的谈话内容。我的车上常备一叠事先贴好邮票的信封，谈话结束不久，我就会写一封信寄给对方。

如果谈话顺利，我会给对方发一条短信，感谢他愿意抽时间与我交谈，并附带一条领英好友申请，以期有进一步发展。发完信件或短信后，我会在当天把结识的潜在客户记入 CRM。如果在谈话中我承诺要发送些什么，或是要安排会谈、把他们推荐给别人，我会在谈话结束后的 24 小时内着手去做。

之后，我会定期联络他们，将潜在客户转化为真正客户。

跟进营销，提高知名度

如果你足够幸运，在一家知名企业而不是创业企业或小公司工作，那么你的客户开发工作会简单很多。有些时候，只要提起你的公司或

[①] 马娅·安杰卢（Maya Angelou，1928 年 4 月 4 日—2014 年 5 月 28 日），出生于美国圣路易市，是一位美国作家和诗人。她已出版了六部自传，五部散文，数部诗集，并为许多戏剧、电影和电视节目跨界当过编剧，其写作生涯超过 50 年。——译者注

产品的名字，对方就愿意与你交谈或约定会谈时间。

大公司的营销机器永远处于运行状态，它不断通过传统广告、社交媒体、内容营销、展销会和商贸会谈等途径提高品牌知名度、吸引潜在客户。所以大品牌、大公司的销售代表有极大的优势，能轻易找到潜在客户群。

但如果你在创业公司工作，推销的是新品牌（或是在叫不上名字的小公司工作，公司又没有持续的营销战略），就会成为竞争中劣势的一方。别人对你的公司不熟悉，想跟他们会谈是非常困难的。

因此，小公司和创业公司的销售团队必须进行提高品牌知名度的营销活动。由于这类公司的营销资源有限，作为一名销售你就必须参与其中。上级可能会要求你做许多事情（当然也有可能是你自愿的），如编写并发布广告博文、参加展销会、制作宣传手册、主持线上研讨会……如果你通过构建关系网，累积了宽广的人脉，就能利用社交媒体分享产品信息，提高品牌知名度。

总而言之，小公司总是处于人手不足的状态，你得同时肩负销售和营销的工作。而对于在大公司工作的销售代表，则需与营销事务划清界限，专注于销售工作。

自我包装，打造个人品牌

提高客户对你的熟悉程度的途径之一就是打造个人品牌。这需要自我包装、维护声誉和较高的职业素养。打造出个人品牌后，会有更多的客户愿意与你合作，因为他们相信你的品牌能解决他们的问题。

如今，打造个人品牌、分享信息，比以往任何时期都要简单。任何人都能够以非常低廉的成本，让自己的名气迅速提升。你只需摆好摄像头，按下快门，附上文字，然后发送到自己的社交主页上。但有一个方法鲜少有人使用，那是我珍藏的秘密武器。它能让你迅速地提高知名度，并扩大你对潜在客户群的影响力。

这件秘密武器就是——经常在公共场合演讲。

公开演讲能让潜在客户看到你、认识你，进而与你开展业务关系。当你站在台上，哪怕只有一小会儿，都有可能成为人人都想与之交谈的小名人。演讲结束后，人们会向你聚拢，与你交谈，把名片主动递给你。

那么公开演讲的机会在哪儿呢？商会、贸易组织、商业组织和民间组织都很欢迎特邀发言人。你只需打电话报名，他们会很乐意地把你安排在流程表上。如果想要参加展销会或社团会议，你也可以打给会议策划人，告诉他们你想要发表演讲，或开个研讨会。不用担心对方会拒绝，因为他们也在寻找切合主题、能给他们的会议增加价值的专业人士。你也可以在线上研讨会、公司会议或商业团体的实时直播中发表演讲，但效果会略逊一筹。

总而言之，演讲是打造个人品牌的利器，它能展现你的学识和才华，能大幅提升你的存在感、知名度与可信度。很少有销售员会采用这一办法，而敢于使用的人就能够脱颖而出。

警告：找到平衡点

之所以用警告来结束这一章，是因为你很容易将大量时间消耗在提升客户熟悉程度的工作上。如果你忽略了其他客户开发工作，枯竭的销售渠道和暴跳如雷的老板将在月底等着你。

销售工作非常强调平衡性，提升客户熟悉程度也不例外。你要学会在今日必须完成的销售工作与对未来的投资之间找到平衡点。

第12章
社交媒体，开发客户的新战场

对销售人员而言，社交媒体是继电话之后最重要的发明。如今，销售人员可以在社交媒体上收集客户资料、观察对手的动向、了解行业趋势，有时甚至能在上面达成交易。一股"社交销售"之风已经在销售界刮起来了。

销售是艺术与科学的结合，艺术指的是让人购买的艺术，科学指的是找出价值客户的科学。

——杰布·布朗特

如今，社交媒体在我们的生活中扮演着重要角色。作为交流工具，社交媒体也早已走入寻常百姓家，不再是少数人使用的新奇发明。有数亿人将社交媒体作为交流的途径，每时每刻都有人在社交平台阅读或发布新信息。

在我编写此书时，社交销售（social selling）是销售界内最热门的词汇之一。

毋庸置疑，社交销售（有时也叫社交开发客户）也是平衡开发法的重要组成部分。

对销售而言，社交媒体是继电话之后最重要的发明。社交媒体的存在,使销售获取买家信息变得前所未有的简单。这不仅包括联系方式，还有客户的详尽资料。

说得详细一点，就是销售人员通过社交媒体得以一窥买家的需求、偏好、购买原因和打开购买窗口期的触发事件。同时，因为社交媒体成本低廉、使用方便，能让销售人员在获取信息时保持低调，不会打扰到买家。

如今，借助社交媒体，销售人员能够轻而易举地发掘并找出买家、意见领袖、潜在导师和利益相关者及他们的一些重要信息。进而根据相关信息推测出对方的购买动机，并从中总结出经验，约定更多高效益的业务会谈。

另外，销售员们还能在社交媒体上快捷、实时地监察竞争对手的动向与行业趋势。在以前，考虑到经济成本等因素，这并不可能做到。技术的发展让我们能查看、分析、利用无穷无尽的信息流。但其兴起过程非常迅速，让人喜忧参半。

可喜的是，新技术在加速销售进程、提高销售效率的同时，让社交销售变得更加容易上手。而随着信息池的壮大，获取信息的方法也日渐繁多。社交媒体的生态系统变得越来越庞杂，找出高价值的信息并不容易，且成本也随之攀升。

各大社交媒体巨头，如领英、谷歌、Facebook、Twitter等已敏锐地察觉到，互联网上的大部分数据都掌握在他们手上。为获取这些数据，制作信息解锁软件的公司不得不向各大巨头支付费用。而软件公司作为一个经济组织，也需要盈利，所以最后还得用户买单。换句话说，不久之后，销售人员若要想最大限度地通过社交媒体搜集信息、开发客户，就必须花钱。

顶级销售员都知道，一名真正的狂热客户开发者肯定离不开社交销售。所以他们正在快速适应并运用各种社交销售策略，也愿意付费使用相关软件。

本章的重点是构建一个框架，其内容包括社交销售的核心目标、5个因素和5类社交媒体销售工具。

社交媒体开发的5大目标	提高效能的5个要素	社交媒体开发工具
提高对方熟悉程度	买卖双方间的关系	交友工具打造个人品牌
通过集客式营销	引人入胜的原创内容	创作工具让客户自己找上门
洞察对方的购买窗口期	内容策展	策展工具与触发事件
研究和信息搜集工作	转化	信息分类工具
外向型开发	坚持不懈	情报与数据工具

由于社交媒体发展日新月异，我不打算深入探讨具体社交软件的特性和使用方法。如果要全部分析一遍的话，几本书都不够写，而且很有可能刚出版就已过时。

死心吧！社交销售不是灵丹妙药

随着越来越多的人意识到社交销售的优势，令人不安的言论也出现了——各种如雨后春笋般出现的"社交销售大师"声称社交销售能解决你所有的销售问题。

不久前，我曾看见其中一位"大师"宣称，销售员们最好把所有精力用在社交销售上，其他的销售渠道已死（不出我所料，他还杜撰出复杂的"9步走系统"，力图让人相信他提供了特别方法）。具有讽刺意味的是，这是通过一封推销电子邮件发送出来的推销信息。

还曾有位"专家"致电我公司销售副总，推销她所谓的客户生产程序。她宣称自己的高端程序能让销售人员永远告别陌生电访。我的销售副总反讽道："既然你的程序这么神奇，你为何还要给我打电话？"

不是应该我打给你才对吗?"对方一听,立刻挂掉了电话。

社交销售并不是灵丹妙药。无论是接触潜在客户还是将潜在客户转化为准客户,直接电访或发送邮件的效率都比社交销售高。诚然,社交媒体能提高客户对你的熟悉程度,进而提高开发质量,甚至加速开发进程。但它并不能代替电访与发送邮件等主动型开发渠道。

我们公司有位新来的销售代表,会时不时地向我的看法发起挑战。去年,他走进我的办公室,尝试让我相信"电话销售已死论"。他说自己读了篇社交销售"专家"的文章,还参加了"专家"的线上研讨会,现在已经学会如何运用强有力的领英战术,消除一切陌生电访(其实他指的是所有电话销售行为)。

"况且,"他还说,"现在已经没人会接电话了。新时代的2.0买家都想根据自己的条件与销售商谈。"(我当时心想:2.0买家是什么?)

在我们争论的过程中,他甚至提到了"过时"二字。可我依然指着电话,让他老老实实地拿起来打给客户。

他不听劝,我只好向他发起挑战。我提议,他这周可以采用他的"时髦战术",我则只用"过时"的老办法——打开潜在客户数据库,生成名单,拿起电话去打扰所谓的2.0买家。一周之后,我们比比谁拿下的客户多,输的要支付对方10美元。他欣然接受了。

快下班时,他又自信满满地走进办公室,向我炫耀他的"战绩"——有7位"优质潜在客户"通过了他在领英上的好友申请。

于是我问:"好极了!那你达成了多少销售额?"

他回答说:"杰布,你不懂啊。这得慢慢来。"

我低头看了看自己的电访笔记。然后说:"我今天一共打了73通电话,接触了19位优质客户,完成了2笔交易,赚到的钱实实在在地躺在了我的银行账户里。"

一周下来,我完成了17笔交易,且报酬全部拿到手。他也成功加了许多人为好友，收获了许多点赞和评论，加入了不少讨论组，发了不少的信息，但……什么都没卖出去。

当然，我也有用到社交媒体。我有两单买卖是在留下语音留言、发出电子邮件、发送领英私信之后完成的。无论电访是否能成功拿下客户，我都会给他们发送领英好友申请。在制作电访目标客户名单时，我也会查看他们在领英上的信息，让交谈过程更加顺利。总之，我并没有把社交媒体当成唯一的开发渠道，而是把它与众多的开发渠道结合在一起。

挑战结束之后，他愿赌服输，付给了我10美元，并乖乖接受了我的训导。我用数据说明，如果他这周也能像我那样敲定17笔交易，本可以赚多少。他也醒悟了过来，承诺会运用多种方法平衡开发，会主动电访客户，而不是每天在社交网站上混日子，等着客户找上门来。

如果你也要像这位销售新人一样，听信"大师"的开发"秘籍"，把它当成让你一夜成为销售巨星的魔法药水。那你最好做好被炒鱿鱼的准备，迎接现实的当头一棒吧！我不建议任何销售新人一开始就用社交媒体开发客户。

所以，你不能指望单凭社交媒体就能填满匮乏的销售渠道，也不要妄想社交媒体能让无尽的客户主动找上门来。社交销售既耗时间，又费脑力，还需要每日持之以恒地辛苦耕耘。想要有实质性的收获，你要做的远不止在领英上加好友、做产品展示这么简单。

选择社交媒体：客户在哪儿，你就在哪儿

现在请明确一个概念：社交销售不等于销售。如果你执意要在领英、Twitter、Facebook、微博等社交媒体上推销产品，到头来可能什么都卖不出，并且会迅速"掉粉"，危及你的声誉和社交关系。

因为没人喜欢在社交媒体上看到推销信息，人们更喜欢利用社交媒体互动、学习。你更适合用社交媒体来提高买方对你的熟悉程度、培养客户、搜集客户资料、进行集客式营销和监察触发事件。

除了可以补充或替代电子邮箱的私信箱功能，利用社交媒体开发客户就是一项需要细心、耐心和应变能力的工作。一般而言，在处理不容易拿下的客户时，社交媒体会显得尤为重要。你可以运用社交媒体影响关键决策人，并找准时机正式进入销售流程（我会在讨论电子邮件开发时一并提及社交媒体的私信箱）。

"社交销售"是一系列行动的集合名词，这些行动都是为了提高销售质量和吸引购买欲更强的优质客户。这些行动包括：

※ 利用社交媒体搜集客户资料；
※ 利用社交媒体拓宽人脉；
※ 利用社交媒体发掘销售线索；
※ 利用社交媒体进行集客式营销；
※ 利用社交媒体进行客户开发；
※ 利用社交媒体监察触发性事件；
※ 利用社交媒体搜集同行情报；
※ 利用社交媒体管理与客户的关系；
※ 利用社交媒体管理交易。

以上行动表明，无论你推销什么产品（或服务），都必须把社交媒体运用到自己的工作中。作为销售，你应该活跃于哪个社交媒体？该把有限的时间花在哪个社交软件上？答案很简单：潜在客户在哪儿，你就去哪儿。

互联网上的社交网站数不胜数，有领英、Twitter、Facebook、微博、

Pinterest、Instagram、Tumbl、Foursquare、Swarm、Ello、SoundCloud、YouTube、Snapchat、WhatsApp、SlideShare……新的社交网站也还在陆续出现。想要投身其中，一一玩转这些社交网站，是难以完成的任务。因此，许多公司（小公司）都有专员，甚至是一整个团队（大公司）负责处理公司社交媒体的相关事务。由此可以看出，社交销售确实相当费时费力。

作为一名销售员，你想要在所有社交网站上保持高度活跃，还想抽出时间卖东西，这几乎不可能完成。所以我建议你不用浪费时间去尝试。我的个人极限是同时管理 3～4 个社交账号，但管理 2 个要轻松得多。一旦超过 4 个，你就会感到辛苦、乏味，且效果不佳。现在请回答这 2 个问题：

1. 哪个社交网站能让你找到顾客与潜在客户？
2. 你用得最得心应手的社交网站是哪个？

到目前为止，第一个问题是最重要的。为确保你在社交销售上的投资（包括时间、金钱和情感投入）回报率较高，你使用的社交软件要与自己的目标客户群保持一致。如果 Twitter 上没有你的目标顾客，那你就可以不用管 Twitter。但如果情况相反，你最好开始学习玩 Twitter。这就好比如果你主要向金融服务公司兜售云端软件，你就不会参加农产品展销会。同样的道理也适用于社交销售。

挑选你喜欢、使用得心应手的社交网站也很重要。比如，我经常把社交开发时段用在 Twitter 上，因为我擅长使用它。我在各大社交网站都有不少关注者，但个人最喜欢的还是 Twitter，所以我在 Twitter 上的关注者也最多（我的推特号是 @salesgravy，欢迎关注）。

如果你不喜欢某个社交网站，往往你会把它晾在一边，不会用心经营。若你的目标客户群很不凑巧地都活跃在你讨厌的社交网站上，我建议你还是学会如何喜欢上那个社交网站，进而将它整合到你的每日销售工作中。

对于大多数销售人员来说，领英是首选的社交网站，因为领英是最大的职业社交网站。如果你做企业对企业或个人的电子商务业务，那领英就是你的潜在客户聚集的地方。

另外，领英专门为销售人员配备了一套强大的工具，有助于你在各个渠道的开发工作（我在 FanaticalProspecting.com 收录了完整的社交媒体开发指南，内容定期更新，能帮助你选择适合花时间经营的社交网站）。

不做无用功：使用社交媒体的五大目标

听到吸尘器的噪声了吗？其实那不是吸尘器，是社交媒体在吸走销售人员的黄金开发时间。每天都有无数的销售人员对着笔记本电脑、平板电脑、智能手机，进行所谓的"社交销售"。

社交网站让人着迷，容易上瘾。因为这就是网站设计者的初衷，他们就是要尽可能地让你常打开看看。这也是为什么社交应用都有点赞、分享、评分、消息提醒等功能和各种小数字，它们能勾起你的好奇心和好胜心。

社交媒体仿佛一台巨大的印钞机，各大巨头把用户的数据信息和时间倒卖给广告商，赚取大把的钞票。而让你在社交媒体上流连忘返，就是他们赚取利润的关键。如果你把一整天都花在社交媒体上，可别觉得这跟看了一整天电视有什么不同。

当然，如果你能利用社交媒体达成特定目的，帮助自己遴选和吸引客户，社交媒体跟看电视还是有区别的。这些特定目的包括：

※ 打造个人品牌，提升潜在客户对你的熟悉程度。

※ 通过集客式营销，让客户自己找上门。

※ 洞察买方的购买窗口期和触发性事件。

※ 调查客户背景和搜集信息。

※ 战术性开发行动。

※ 对外开发客户。

所以，效率和效能是关键，你要确保最后的成果能配得上你花在社交媒体上的时间。在进行社交媒体开发时，要时刻专注于自己的目标——增加销售渠道的广度和深度。如果你没有朝这个方向前进，那就是在浪费时间而已。

刷存在感！树立"值得信赖"的形象

在利用社交媒体开发客户时，你必须时不时问自己这两个问题：

1. 我在社交网站上的活动是否有助于我获得"有能力、值得信赖"的个人声誉？

2. 我做的事是否能让别人更熟悉我的名字，更认可我的品牌？

如果你的答案是"不能"或"不确定"，那你就该调整相关策略了。社交销售的头等要事就是提高客户对你的熟悉程度，建立互信。你不仅要将自己展现在别人眼前，更要让潜在客户觉得你可以信赖。

社交网站上的潜在客户不会一开始就想与你约定会谈时间，而会先了解你是谁、是做什么的。根据你提供的信息，他们会马上形成自己的判断。他们的判断，直接决定你能否说服他们、对他们产生影响力、让他们把时间（资源或金钱）花在你身上。

所以，你最好在社交网站上把自己包装成一位解难能力一流的专业人士。

大多数人遇到新认识的人之后都会快速判断对方，或快速形成印象。这是人类大脑的固有机制。面对突如其来的大量信息，我们的大脑演化出（从他人的样貌和言行举止）迅速抓取信息，再将其浓缩为第一印象的机制。无论第一印象正确与否，都会影响我们日后对那个人的看法。

诚然，在现实世界中，你有时候可以获得留下良好印象的二次机会。但在虚拟的网络世界中，这种机会并不存在。当潜在客户看见了社交网站上的你，发现并不喜欢之后，他们就会自动过滤掉你。

大部分职业销售都知道不应该在社交网站上诋毁上司、发布敏感议题（比如带有种族、性别歧视的议题）或大声告诉全世界自己在线上会议召开的那晚烂醉如泥。但他们在社交网站上的个人主页还是因为其他原因无法给潜在客户留下良好印象。

有些销售人员管理个人主页的方式真是让我替他们感到羞愧。他们总是犯一些常见的错误，这些错误包括：

- 个人简介编辑得一塌糊涂。
- 介绍信息不完整或已过时。
- 没有照片或照片不专业。
- 发表极度主观的政治或宗教相关言论。
- 在主页上发布太多私人生活的琐事。

记住，你的个人主页是你个人品牌的直接反映。除非你能电访或面见每一个浏览过你个人主页的潜在客户，否则你的个人主页就是你。

所以你必须投入时间编辑、完善个人主页。

不要犹豫了，现在就开始重新编辑个人主页吧，确保你在网上的形象能反映出最佳的自己。在 FanaticalProspecting.com 上，我们收录了有关如何打造个人主页的完全指南，其中有各种适用于不同社交网站的小技巧。

下面是一些最基本的技巧——

头像图片：要真诚

PhotoFeeler.com 是一个帮助人们选择合适的头像图片的网站，网站上有这么一句话："头像对现代交流来说非常重要，挑选适宜的照片作为头像已然成为最基本的社交要求。"而对于我们这些职业生涯与个人主页息息相关的销售来说，更是如此。

首先，请确保你所有个人主页上的头像是专业的。要做到专业，请不要让你的猫咪、爱犬、孩子、啤酒瓶、太阳眼镜或大学同学出现在头像图片上。合适的亮度、温和的背景色是一张出色的头像图片必须具备的。

另外，不要摆出俗气的姿势，别双臂交叉、手托下巴，也别把眼镜架在额头上！因为那样看起来很傻！你也不想别人觉得你很傻，对吧？

满足上述条件后，请确保照片中的你面带微笑，表情自然。抽样调查了 60 000 名受访者后，PhotoFeeler 网站发现笑容真诚的头像更能让别人喜欢你、认可你。

我强烈建议，你的所有个人主页上都使用同一张照片作为头像。因为你的头像就像你个人品牌的商标，是你要一直保持的东西。

封面图像：要专业

某个销售网站上有这样一句话："没有封面图像的个人主页，就如同没有招牌的实体店。"大部分社交网站都可以设置个人主页的封面图像。有些网站的封面图像被定格在页眉处，有些则占据整个页面的背景。你可以借助这张图片自由表达。

你也应该确保所有个人主页上的封面图像如头像一样专业。每个网站对图片的格式和大小的要求都不一样，你往往需要做些微调。

虽然网络上有不少设计封面图像的教程，但如果你不是专业的设计师，纵使有教程，也得花好些时间和精力才能设计出专业的封面。可喜的是，网上也有许多能够帮你设计专业封面的设计师。当然，他们会象征性地收取一些酬劳，但这种钱很值得花，你认为呢？

个人简介：要完美

个人品牌导师威廉·阿鲁达（William Arruda）说过："编辑得当的领英个人简介能让别人更想了解你，进而主动联系你。"这句话不仅适用于领英，也适用于所有社交主页上的个人简介。

个人简介就是你的故事，应该具备让别人想要认识你的效果。一篇完美的个人简介能立刻让你与读者建立联系。

完美的简介不仅要条理清晰，还要让人信服。我建议简介使用第一人称，以对话的形式呈现。简介中需要包括的内容有：你是谁、最擅长什么（你的价值）、为何你值得信赖。

此外，你的工作与生活每时每刻都有新变化，所以你要保证自己的个人简介能反映你的最新境况。让自己至少每4

个月重新审视一遍个人主页上的内容，更新相关信息。在审视主页内容时，不妨想想，如果你是客户，会不会想要跟这个人做买卖？

联系方式：要全面

隐私？忘了隐私吧。记住，你可是身在销售界。销售们都巴不得有客户来主动"打扰"。会主动联系销售员的买家本就不多，如果你把联系方式遮遮掩掩，不会有买家主动找你的。所以请在个人主页上写明你的所有联系方式，包括电话号码、邮箱地址和个人网址。

个人主页：要多元

把不同社交网站的个人主页和其他有关的网页相互链接起来。比如在领英上，你可以用网页链接、文字和照片、视频等多媒体文件丰富主页内容。花些时间把客户感兴趣的信息展示在主页上，让他们学到新知识，进而想要联系你（记得在取得公司营销部门的同意后，将与公司品牌相关的广告一并展示在主页上）。

虽说社交媒体是提高客户对你熟悉程度的最高效渠道，但要想发挥出其应有效果，你还是得坚持不懈地在线上接触客户，让他们经常看到你的动态，进而越来越容易接纳你。

所谓的线上接触就是点赞、转发、评论他们发布的内容。你还要投其所好，发布他们感兴趣的内容、祝贺他们取得的成就、参加他们所在的线上讨论组等。

个人主页上的内容就像聚光灯下的舞台，你的每一个赞、每一条评论、分享、发布的内容，潜在客户们都看在眼里、记在心里。所以，控制好自己发布的内容就显得非常重要。

这是一个异常敏感的时代，不少人很容易因为鸡毛蒜皮的事而觉得受到冒犯。讲错一句话、点错一个赞、写错一条评论，可能就会惹恼某位潜在客户，进而永远失去与他谈生意的机会。极端情况下，你的相关言论可能还会被疯狂传播，让你前程尽毁。我们都有将真实的自己展示在社交媒体上的欲望。但作为销售人员，暴露自己所有的想法未必是好事。

客户对你的熟悉程度是一把双刃剑。如果他们对你的印象是正面的，熟悉度就能帮你跨越诸多阻碍，让你更容易与之约定面谈时间、进行销售会谈。但如果客户对你的印象是负面的，他们就会筑起高墙，将你拒于千里之外。

发布任何内容前，都要三思！

投其所好，让客户主动找上门

运用社交媒体进行客户开发的最大益处，莫过于有潜在客户会主动找上门。比起通过电访挖掘而来的客户，与主动找上门的客户约时间、谈生意更容易，你也能更全面地掌握对方的相关信息。

在集客式营销中，潜在客户对你的熟悉程度发挥着至关重要的作用。如果对方很了解你，在进入购买窗口期时他们甚至会主动联系你。

想让客户主动向你咨询更多信息，你就应该把线上的自己包装成专家，分享、发布潜在客户感兴趣的内容、帮助他们解决问题和发布有见地的评论。

还有一个方法，能让客户主动找上门。即分享需要对方提供联系方式才能阅读的宣传广告、电子书和产品报告。但这一方法可能会让潜在客户觉得你很自大，对你心生不悦。这样一来，你发布的内容与垃圾邮件无异。我对这一方法做了些调整——每当发布原创内容或博文链接时，我会把宣传广告和产品报告嵌入其中。这样既能吸引潜在客户，又不会有损我的声誉。

在社交媒体上发布有深度、实用的内容，是培养高价值潜在客户的高明之道，也是战术性开发行动（SPC, strategic prospecting campaign）的一部分。SPC要求长期综合运用多种开发渠道，目的是在下一个购买窗口期到来前与客户熟络起来、增进双方关系。在进行战术性开发时，尽量要做到以下几点：

※ 弄清楚对方的决策人和意见领袖都有谁。
※ 增进与正确联系人之间的关系。
※ 找出能辅助你的人，并增进双方关系。
※ 提高个人或品牌知名度。
※ 根据互易性定律（Law of Reciprocity）首先提供价值，提高自身商誉。
※ 让买家在购买窗口期临近时主动邀请你，让你更容易安排会谈时间。

采用SPC耗时较多，且要求持续跟进。大多数职业销售只能有针对性地向少数高回报率的目标客户使用这一战术。

只要明确目标、用对方法，社交媒体就能拓宽你的销售覆盖面，让你与更多的客户保持联系、增进关系。如果你能综合运用电话、面谈、电邮、社交媒体、展销会等渠道，就能打造出战无不胜的强大战术性开发机器。

由于篇幅有限，本书无法尽述所有高效能的SPC。你可以在FanaticalProspecting.com下载电子书：《战术性开发终极指南》（*Ultimate*

Guide to Strategic Prospecting），书中提供了大量工具和技巧，可助你制定、管理高效能的 SPC。

留意窗口期和触发事件

触发事件，指的是打破现状，迫使买家立刻进入购买窗口期进行采购的事件。

某些潜在客户的购买窗口期非常容易判断，因为他们有固定的预算周期或合约时限。但大多数潜在客户的购买窗口期往往无规律可循，内部事件、行业动态、宏观经济走势、安全问题、就业环境、市场趋势……都可能成为触发事件。当惠顾过你的老客户跳槽到另一家公司时，新的购买窗口期肯定会出现，这时你就该再次出击了。

你可以通过社交媒体留意到客户的动向，又无须直接联系他们。Twitter 和微博等社交平台更有创建单独名单和圈子的功能。你可以将潜在客户们分到一组，当他们更新信息时会弹出提示。这样观察起来岂不是更省力？

总而言之，你需要持续关注新信息流和更新提示，这非常重要。另外，有些潜在客户会在群组中寻找触发事件，你也需要留意这些群组中的消息记录。

搜集有用的信息

社交媒体就像是信息的自助大餐，你可以从中搜集众多潜在客户的信息，再将它们统统录入 CRM，用来编写邮件、找出决策人、做电访前的准备。利用领英、Facebook、Twitter 和微博的强大搜索功能，你就能找到潜在客户的具体信息，还可以监视竞争同行的动向。

想走捷径的话，我强烈推荐山姆·里克特（Sam Richter）的《让陌生电访不再陌生》（*Take the Cold Out of Cold Calling*）。山姆的这本书，是讲述如何利用社交媒体进行信息搜集的绝佳指南。

主动出击，进行外向型开发

在社交媒体上，你还可以直接接触潜在客户，与他们约定会谈时间。你可以直接通过领英信箱邮件、Facebook 私信、Twitter 信息、微博私信等方式与他们取得联系。你也可以给他们打电话，因为很多人都会将电话号码和电子邮箱地址写在个人主页的简介上。

成与败，关键在于五大行动

有 5 大行动，关乎社交销售的成败。践行好这 5 项行动，就能大大提高社交媒体开发的效能。

请发送好友申请

在狂热开发者的新人训练营中，我经常提出这样的问题：

"你们在遇到新潜在客户、潜在消费者或难得的专业推荐人后，会向对方发送领英（也可以是 Facebook、Twitter、微博、微信）好友申请吗？如果会，请举手！"

举手的人一般不超过 10%。

数世纪以来，成功的销售员都深知人际关系的重要性，也懂得利用关系达成目的。关系，能让你快人一步地与优质客户谈成生意。当你利用人际关系深入到买方的公司或圈子后，就能够与买方进行更为直接的交流。

社交媒体上的一切都从建立关系开始。当你通过电访或面谈与潜在客户交流时，双方就已建立了一种潜在的关系。他们对你的熟悉程度已经开始渐增。双方刚刚接触后，你在社交媒体上发出好友申请，就能让他们再次看到你名字，加深对方对你的印象。而这个时候他们也最有可能通过你的好友申请（发送完好友申请后，再寄送一张手写的感谢信，你就能成为他们的超级巨星了）。

在领英上，对方通过你的好友申请之后，你会获得查看对方所有联系人的权限，进而更加明确买方和决策人的身份等信息。你还能根据对方的联系人判断他是否与你的竞争同行有联系或正在做交易。

在某些情况下，专业的人际关系网比任何开发渠道都要管用。

领英提供了标签、备注、排列、搜索和管理联系人的功能，能帮你标注联系人来源或把联系信息添加到个人简介等。总之，领英变得越来越像开挂版的 CRM。可以这样说，如果手机上安装了领英，你就手握着功能强大、规模惊人的联系人数据库。

要与客户建立关系，可以运用这 3 种方法：

直接型：在领英和 Facebook 上你都可以发送好友申请。Facebook 上的过程较为简单直接，只需点击 "发送好友申请" 即可。在领英上，你可以选择发送标准的通用联系人申请，或者自定义的申请。为了让申请更容易通过，我强烈建议在申请时提及你们一同出席过的会议或聊过的话题。

相互型：在 Twitter 上建立关系非常简单，在你添加别的用户为联系人之后，他们一般和你 "互粉"。至于和你 "互粉" 的可能性，则取决于他们有多熟悉你。所以，最好在接触后立刻添加对方。

被动型：如果你经常发布独到、实用的原创内容，且有人转发，就能吸引别人主动加你。这是建立关系最强有力的办法，因为对方认定你能够为他们的工作或生活带来价值所以才将你纳入他们的社交圈子。

发布吸睛的原创内容

制作并发布与潜在客户息息相关的原创内容，是建立互信，提升你在潜在客户群中口碑和熟悉度的最佳办法。原创内容一般通过以下形式呈现：

- ※ 文章。
- ※ 视频。
- ※ 幻灯片。
- ※ 播客。
- ※ 信息图。
- ※ 宣传广告。
- ※ 案例研究。
- ※ 电子书或纸质书。

发布原创内容的行为能让你的潜在客户把你定位为专业人士和珍贵资讯的来源。这会促使他们主动联系你，或将你的内容分享给其他人。当不认识你的人分享或点赞了你发布的内容后，你就能在当前客户的公司中发现更多潜在客户，结识更多的人。

此外，这么做还能让你洞悉到买方的触发事件和购买窗口期。因为你能通过他们的点赞、评论和转发判断出他们正面临何种问题、处于何种情绪状态、你又是否能趁机提供帮助。

发布高质量的内容确实能吸引大量受众，但实践起来却非常困难。因为你需要花大量的时间搜集信息，整合内容。如果你在大公司工作，有强大的品牌营销团队，你可以在发布相关内容之前向他们做一些专业的咨询，并获得他们的首肯，接受他们的监督。

但不管怎样，我还是建议你花时间创作并发布一些高质量的原创内容。因为一旦成功，就能极大地促进你的职业前程，提高你的个人声誉。但在创作过程中你没有必要亲力亲为，因为利用内容策展能起到四两拨千斤的效果。

整合信息，无偿策展

很明显，能让客户学到知识、为客户解决难题的销售员，比那些只懂基础销售策略，只会兜售产品的同行更有价值。相信我，那些只懂得在社交媒体上夸耀自己公司、品牌、产品或服务的销售员，结果不外乎是被人无视、屏蔽、列入黑名单或被举报发布垃圾信息。所以，不要学他们！

想要让客户把你和你的那些普通同行区别开来，你首先要提升自我价值，成为珍贵之才。**在社交媒体中，提升自我价值的基本方法就是为客户提供有价值的内容、加深对方对你的印象和将自己包装成善于解决相关问题的专家。**

在合适的时机让优质的潜在客户接收到你发布的优质内容，就能建立起重要的人际关系，将被动的线上关系转化为现实中的销售会谈。

但社交媒体就好比是一只贪得无厌的野兽，永远喂不饱。想要自己的优质内容持续有人关注，你就必须每日"投喂"。但你永远不会有充足的时间去创作足够多的优质内容。这时，你就需要一种叫作"策展"的东西。

简单来说，策展就是从不同杂志、报纸中剪取出一段段文字，整合后再发送给他人。在社交媒体上进行策展不过是将这一过程数字化了而已。这样一来，你并不需要每天都发布自己的原创内容，经常利用他人发布的内容即可。然后你就会成为相关资讯的整合者，为你的受众提供他们关心的最新资讯。

直接发布网页链接或转发内容都可以实现资讯分享。虽然信息不是你原创的，但你可以传播信息。通过转发信息，你可以提高自己在客户中的口碑和活跃度。

内容策展有以下3大要义：

警觉性：你需要时刻留意你所在行业的趋势和竞争者、推动者、引领者的动向。要做到眼观六路耳听八方，时刻留意周围发生的事，抓住各种细节信息。找出并关注主导行业内舆论走向的引领者，弄清楚重量级的资讯都来自哪些用户。

目的性：要有目的地进行策展，这样你才能在搜集资讯时保持大局观，将相关的内容联系起来。要注意花时间读懂、理解你分享的文章，这样你才能写出有深度的转发评论，让别人觉得你确实是名专业人士。

辅助工具：由于内容策展非常消耗时间，你最好使用一些辅助插件，再预设好筛选条件，让相关内容被自动抓取，最后进行分享。

及时转化

销售员们在社交媒体上花费了如此多的时间和精力，就是为了把线上的潜在客户转化为真实的交易。换句话说，就是为了填满销售渠道、敲定更多交易和增加个人收入。如果不是为了这些，那你经营社交网站的意义又何在呢？难道只是为了看八卦、聊天吗？

如果你使用正确的方法在社交媒体进行客户开发，就应该吸引潜在客户主动找上门。虽然这有以偏概全之嫌，但进行社交销售，就好比是打造你个人的微型集客式营销机器。你必须时刻保持目标清晰，积极做好行动计划，为正式销售会谈创造契机。

永远不要半途而废

运用社交媒体进行客户开发并不容易，你无法让机器自动完成。要提升自身在社交网站上的价值，或从中汲取有用的资讯，就需要有目的、坚持不懈地付出努力。其中，坚持不懈尤为重要。如果你三天打鱼两天晒网，就注定无法通过社交媒体取得任何成效，只会白白浪费精力和时间。

要做到高效率，就要设定冲刺时段，在限定的时段内要完成固定的工作量。也要利用相关辅助工具，让其自动完成某些工作。你必须每天花30分钟到一个小时（最好在黄金开发时段之前或之后），进行有计划、有目标的社交媒体开发工作。

值得注意的是，短期内你可能会觉得收获不大。但长远来看，每天取得的小成果也会产生大作用。

精力不够，工具来凑

利用正确的工具进行社交媒体开发，能为你减轻不少压力，让自己把精力放在其他高价值的行动上。有无数的工具能帮你自动完成某些社交开发工作。有些工具与CRM类似，有些是社交网站自带的，还有许多安装在手机上的应用或嵌入浏览器的插件。

你不得不为一些工具支付费用。虽然有些工具可免费试用，但用的人越多，免费使用的空间就会越来越小。因为开发者是出于盈利的目的，才把工具开发出来的。他们清楚知道销售人员必须花大量的时间和精力才能利用社交媒体进行高效能的客户开发，他们也知道时间就是金钱。

所以，想要节省时间，你就必须付钱。

其实，除了面向企业的高端工具，大部分辅助工具都能让你免费试用部分功能。另外，你的公司可能也会为你提供一些工具。仔细算下来，你所需支付的费用不算太高。

在我编写此章时，有些工具因为无法在市场生存早已经停止提供服务，有的为了更好地在竞争激烈的同类产品中胜出则做出了改名的选择，还有的被并入其他工具之中。就在前一天，某个我最爱用的工具开始无法使用。随着各大社交网站正逐渐收窄免费权限、扩大收费范围，这种事情变得越来越常见。

考虑到这种不稳定的市场格局，我在此小节中提供有限的工具名单。你可以浏览 FanaticalProspecting.com，找到《社交销售工具指南》（*Guide to Social Selling Tools*）的电子版，里面有全面、定期更新的辅助工具列表。

社交媒体开发工具主要有 5 大类：

策展工具：这些工具能帮助你轻松找到并储存想要分享的新内容。像 Feedly、Google News、Sprout.it 等工具能够辨识出你想要分享的内容，整合来自各个渠道的信息，将它们推送到你的电脑桌面或智能手机上。像 Pocket（我最钟爱的应用之一）这类工具能在线上帮你把想稍后分享的信息储存起来。

内容制作工具：这类工具能帮助你制作丰富的原创内容。LinkedIn Pulse 是一件神奇的发布工具，能让你在领英上直接发布长文章。类似的还有 Tumblr，一款简单易用的博客编写工具。SlideShare 是一款领英开发的工具，能让你把相关介绍直接放到领英的个人主页上。Canva.com 是一款出众的图片编辑工具，能帮助你制作内容丰富的信息图。

分享工具：在各个社交网站上逐个发布原创内容，或逐个剪取有价值内容既费时又累人。这时你就需要用到分享工具，像 HootSuite、Buffer 和 HubSpot（这个收费很贵）能让你在非销售时间载入想要分享的内容，预设好发布顺序之后，工具就会自动分享你载入的内容。

反馈工具：像 HootSuite、HubSpot、Bit.ly、TweetDeck 和社交网站自带的分析工具能让你查看其他用户对你发布的内容的反应，进而自己判断发布的内容是否有效能。

情报工具：这类工具帮助你搜集其他公司、个人、触发事件和购买窗口期的信息。我惯用的情报工具是 Google alerts。如果你足够细心的话，你会发现越来越多的情报工具插件正出现在社交网站上。

主动 + 被动 = 完美开发力

目前，销售人员在利用社交媒体进行客户开发时遇到的最大问题是难以从信息海洋中脱颖而出。如果一开始你在领英这类成熟的社交网站上一个关注者都没有，或是只有少许的关注者，那你可能得花半年到 2 年的时间，才能对潜在客户产生吸引力。

当然，这并不代表社交销售战术无法奏效。要想获得可观回报，你就必须付出越来越多的努力和金钱。这就解释了为何即便是集客式营销的先驱——HubSpot 公司，与社交销售的领头羊——领英，都结合使用集客式营销和外向型开发。

社交媒体是提高客户熟悉程度的重要平台，也是调查客户背景、洞察触发事件的理想途径，有时还能让客户主动找上门。但这是一项被动的策略，要求销售人员注重细节、有足够的耐心。你也永远无法仅仅依靠集客式营销达成理想的销售额或收入。

相较之下，外向型开发就是一种主动式的开发方法，意为销售人员通过电话、面谈、电子邮件、社交媒体私信、手机短信等渠道接触客户。外向型开发是打扰潜在客户的艺术，也是打开话题与客户约定会谈时间和搜集信息的艺术。

只有将社交媒体开发与外向型开发结合使用，才能发挥出最强大的效果。二者结合能有以下益处：

※ 最大化地提高客户对你的熟悉程度，增加潜在客户与你谈生意的概率。

※ 能得到更多最优质的公司或个体客户名单。

※ 让触发事件为你所用，使你能够在合适的时机打开或进入客户的购买窗口期。

※ 培养优质客户，让客户学到知识，为下一次购买窗口期做好准备。

※ 调查客户资料，取得联系方式。

※ 找到买家、意见领袖和能与你做交易的人。

※ 更好地遴选优质客户。

※ 事先弄清楚客户的信息,提高外向型开发质量。

最后,我要再次强调平衡性。你不仅要在各种开发渠道中找到平衡,更要平衡运用你最宝贵的资源——时间。

第13章
如何机智地向客户传达信息

在和客户交谈时，很多销售人员都有被对方拒绝或打断的情况。客户似乎总是吝于把自己宝贵的时间分给销售一分钟，他们总是对销售做出不耐烦的反应。事实是，不是客户没有耐心，而是销售人员没有传达能吸引客户的信息。

过于热情,你会错失一名客户;但不够热情,你将痛失一百名客户。

——吉格·金克拉

"我在电话上该和他们说什么?"

"我该写些什么?"

"此类型的客户要如何接近?"

"如果他们这样问,我又该怎么回答?"

身为销售,我们谁不想自己的言辞有咒语般的作用,让客户对我们言听计从?我知道,不少销售都在寻求完美的销售绝技,梦想着让每位客户都满意,让自己永远告别被拒绝。

可这些事永远不会发生。

但值得高兴的是,通过自我反省和不断练习,你也能够灵巧应对客户的下意识反应、敷衍和回绝,并懂得如何向潜在客户传达颇具影响力的信息,促使他们采取行动。

在前面的章节,我提到了很多销售人员认为客户开发非常困难是因为自己会无可避免地打扰到对方。这种打扰会让对方产生下意识的抵触，有时候对方的反应甚至让我们心生不悦。无论是哪种销售渠道，你的表达内容与方式，直接决定了对方的反应。用错表达方式或传达的内容欠佳，你只会被更粗暴地拒绝。但用正确的方式传达合适的内容，就能减少阻力，打破对方的心理壁垒，提高优质客户进行正面回应的概率。

在这个疯狂而忙碌的世界里，人人都时刻处于紧迫压力之下。所以让你的潜在客户抽出时间来与你交谈，是整个销售流程中最难得到同意的请求。这也是为什么销售人员进行电访时，总会被粗暴地拒绝。

很多销售在客户略显不耐烦时，就乱了方寸。他们开始滔滔不绝地说些毫无意义的推销言辞，甚至有人会说："我很乐意占用你几分钟的时间，向您简单介绍我们公司。"结果只会让对方更迅速地挂掉电话。

这些毫无价值的话只会让人想要马上拒绝，因为这听起来更像是："我非常高兴能浪费您一小时的生命，向您讲一大堆关于我、我的产品和我想要什么的废话。"

销售们总是在用电话、面谈、电子邮件或社交媒体开发客户时犯下类似的离谱错误，因为他们没有意识到潜在客户不会把时间浪费在以下的事物上：

※ 让人觉得是垃圾的产品或服务。
※ 吹嘘他们公司这个第一、那个最牛的连篇废话。
※ 一大堆让人反胃的专业术语或图像。
※ 营销小册子。
※ 从销售的口中或键盘上喷涌而出的其他废话。

没人喜欢被推销。你讨厌被推销，我也讨厌被推销，潜在客户更讨厌被推销。推销会让你的潜在客户觉得你根本不在乎他是否愿意听，他们觉得自己受到了轻视。这就是你在客户开发过程中总被拒绝的首要原因。

当你打电话过去，就已经打乱了对方的工作节奏，你居然还要求对方浪费更多时间听你一堆乱七八糟的推销词。这当然只会徒增客户的厌烦之情。他们宁愿去做个牙根管手术，也不愿整整一小时对着个滔滔不绝的销售员。

会和销售员继续交谈的客户，是为了满足自己而不是别人的需求。所以在接触客户时你必须了解对方最关心的事情，清晰表明对方花时间与你交谈能够实现的价值。除此之外，你必须让对方觉得，你是真诚地想倾听他们的想法、了解他们的需求、解决他们的问题。做到上述这些，你就能改变他们的拒绝态度，进而能够约定会谈时间，获得进一步搜集对方信息的机会，甚至是立刻与其进入正式销售会谈。

记住，进行客户开发时要传达的信息并不复杂，也千万不要把事情复杂化。你的目的只有一个：迅速地说服对方花些时间让你把事情讲清楚。

气场是最有吸引力的信息

在与客户的互动中，你只能用区区几秒的时间，来博得对方的关注。在那珍贵的几秒里，你用何种方式（包括非语言暗示）传达了什么样信息，是关乎成败的。

我花了大半辈子与马匹相处，深知它们有一种与生俱来的特质——能够察觉到人的恐惧。要知道，马匹的平均重量大概是人的5倍，如果它认为你不再处于主导地位，它们完全能把你甩下马背。

开发客户与驾驭马匹有相似之处。如果客户察觉到了你的畏惧、脆弱或不自信，他们可能会仗势欺人或将你拒之门外。所以说，接触客户时的声调和姿态非常重要。狂热开发者在开发客户时总能自信地谈吐,这就是为什么别人认为难以拿下的客户,却会向他们敞开生意的大门。

事实上,在互动的过程中,人们一般会以同样的姿态回应对方。这是人类的天性使然。因此,在开发客户的过程中,如果你能放松自己、保持自信,就能将同样的情感传递给对方。如果你想让客户也热情地回应你,首先要让自己热情洋溢,以放松、自信、热情的姿态去接触客户。非言语交流包括:

※ 声调、音调、音高、语速。
※ 肢体语言、面部表情。
※ 你的衣着和整体形象。
※ 句子结构、语法、标点和包括电子邮件、手机短信、网站私信等文字交流时的用词。

所有向客户传达的非言语信息中,当数自信与热情最能服人。自信可以简单解释为:"一种认为自己能做好某事的信念或直觉。"而热情则可以解释为:"强烈的兴奋之情、内心的炽热、热忱。"

但我们很难做到在被拒绝时,仍然保持热情与自信。这就是为什么我们需要学习相关技巧,让自己在内心并不自信或热情时,仍表现得自信、热情。

这得从建立一种强大的心态开始,你要在精神上变得坚韧不拔,才能在被拒绝和感到困乏时再次找回状态。要知道,即使是品尝过成功美酒的销售巨星,也要克服重重困难,才能表现得自信、热情。

各种关于人类习性的学术研究证明,通过改变我们的面部表情、习惯用语和身体姿势,我们就能改变自己的内心状态。换句话说,你的外在表现其实就是你内心状态的真实写照。

这不仅是一种心理反应，也是一种生理反应。学术研究表明，人体内的皮质醇与睾丸素对自信的产生起着重要作用。包括哈佛大学的艾米·卡迪①在内的研究员们已发现，你的身体语言能够塑造热情与自信等情感。卡迪的研究证明，在内心不自信时挺胸抬头，就能增加大脑中的睾丸素和皮质醇，进而产生自信之感。

其实这并不是什么新鲜发现。思想领袖、治疗专家、老师，甚至是我们的母亲早就给过我们类似的建议——抬头、挺胸、坐直。大部分销售教练都会告诉学员，脸上的微笑能够融入到声音之中。所以为了让学员时刻注意自己的面部表情，教练们会让其对着镜子打电话。

我们都知道，如果我们衣着端庄得体，自我感觉也会非常良好。当你高昂头颅，挺起胸膛时，会给人一种自信和精神状态良好的感觉。使用坚定而自信的短语和语调，你会给人一种强而有力，值得信赖的感觉，进而更有可能在提要求时获得客户的肯定。

要变得热情洋溢，你首先要表现得热情、进行积极地思考、说充满热情的话，随后你就会开始感到内心有一股炙热的力量。这就是你热情洋溢的源泉。当有人问你最近如何时，即使你简单地回答一句"棒极了"，也能够帮助你提升自己的气场，让你觉得自己确实不错——就算实际上你并不是。

别啰嗦，回答客户最关心的问题

开发客户，主要就是为了迅速地接触潜在客户，并赢取一些和他们交流的时间。你并不需要精心编排好推销词句,或是写好复杂的手稿。

---

① 艾米·卡迪（Amy Cuddy），哈佛商学院教授、社会心理学家、公众演讲者，著名演讲有《肢体语言塑造你自己》(*Your body language shapes who you are*)。——译者注

第13章 | 如何机智地向客户传达信息

事实上，这么做，恰恰会导致你无功而返。

开发客户时，销售肯定会打乱潜在客户安排好的日程。假如你是客户，在忙碌的一天，突然有位销售来打扰你，这时你希望他有什么样的表现？好好想想。

※ 你会希望他直接说重点，好让你尽快回到工作中。
※ 你会希望他清晰地表达想法，也就是告诉你他想要什么。
※ 你会希望他打搅你是为了讨论些与你的实际情况有关的事。

所以说，在开发客户时，你必须迅速地表达出简明、直接、切题的信息。其中，切题是重中之重。潜在客户只会花宝贵的时间来解决自己的问题，而不是满足你的需求。他们为牺牲时间所承受的风险越小，就越可能会给你一点时间。

比如说，你可以请求客户花整整一个小时，让你做完整的产品介绍；也可以让对方选择牺牲15分钟，来决定是否要进入下一环节，而后一个选择通常更能获得客户同意。

如果你能回答客户们最关心的问题——WIIFM（What's in it for me？我能从中获得什么？），就能降低他们的预期风险。

当然，我们无法知道每位客户最关心的风险因素是什么，但我们能够有根据地进行猜测。

在亚特·索布查克（Art Sobczak）的新书《销售人员电话沟通技巧》（*Smart Calling*）中，他把回答WIIFM的过程称为"提出潜在价值"（possible value proposition）。他认为，销售人员应该先明确不同类型的潜在客户和决策者分别存在哪些可能的需求，进而更好地回答WIIFM，随后说服他们与自己交谈。

《速售》（*SNAP Selling*）的作者吉尔·康耐斯（Jill Konrath）表示，

在当下的业务环境中，潜在客户公司的决策者们都忙得不可开交，销售人员必须提供诱人的价值提议，才能勾起他们的好奇心，打开生意的大门。吉尔将价值提议定义为："清楚地表明客户使用你的产品或服务后，可以实际地收获些什么。价值提议重在强调结果和这笔买卖的价值。"

康耐斯认为，一个成功的销售副总裁，必须做到以下 3 点：

1. 专注于经过斟酌的业务目标：如果你专注提供能带动客户业绩的服务，就能够引起他们的注意。

2. 打破常态：常态并不容易打破。人们只有确信做出改变能大幅优化当前状态，如增加销量、减少成本、提高效率、减少工作压力等，才愿意改变现状。

3. 提供证据：如果你能把案例展示在客户面前，让他们看到你曾成功帮助过与他们处境相似的其他客户，就能立刻增加自己的可信度。

想让客户甘愿承受更大风险、把更多时间花在你身上，你就必须拿出强有力的价值提议。如果你想让中高级管理人员把时间花在你身上，就必须有充分的理由。因为这些高阶管理者绝不会轻易分割出他们宝贵的时间。为了能和他们展开正式的交谈，你可以这样说：

"在同一个细分市场中，我跟另外几家公司也有过发布新产品的合作经历。在我的帮助下，他们节省了不少时间，新产品的盈利率达到 50%。事实上，这一系统的发布，创下了该公司投资回报率上升的最高纪录。得益于我们提供的系统，他们上一次产品发布的收益率提升了 41%。"

另一方面，如果你销售的是知名品牌的产品，买方是一些经常使用类似产品的小公司老板，这时你问："能否请您花几分钟，告知我贵公司的具体业务？"那你一定能得到肯定答复。因为小公司老板都很喜欢谈论自己，他们在你身上花费几分钟时间的风险也比较低。

当对方讲完后，你可以接着说："我帮城里的几家公司节省了不少进货开支。我觉得我们可以约个时间详细谈谈，好让我了解更多关于您和您公司的信息，然后再制定出适合您的方案。"

迈克·温伯格（Mike Weinberg）个人的销售故事、发展历程和他的力量型陈述（power statements）深深地吸引着我。他在自己的新书《销售就这么简单》（*New Sales. Simplified*）中以大师级的水准阐释了该如何传递极具说服力的故事，进而博得客户的眼球。迈克认为，力量型陈述必须包含以下3个要素：

※ 潜在客户目前面临的问题；
※ 你对解决这些问题的提议；
※ 你的过人之处。

迈克·温伯格还说："你需要回答'为何客户要选择跟我做生意？'这个问题。"你的答案是让你从激烈竞争中脱颖而出的关键。你一定要明确，不是你的公司、产品、服务，而是你自己有什么过人之处。迈克曾说过："你与他人的区别，就是客户注意你的原因。"

客户有时间，你有足够好的理由吗？

《影响力》（*Influence*）的作者罗伯特·B.西奥迪尼（Robert B. Ciadini）曾说过："众所周知的人类行为法则表明，当你向别人请求帮助时，给出一个理由，能提高别人帮助你的概率。因为人们就是喜欢有理由地行动。"

我很少提及价值提议，说实话，我不怎么喜欢这个词。因为这听起来太复杂，我更喜欢简单、直接。说白了，就是在开发过程中你只要能给出足够好的理由，让客户同意与你会面即可。你提出的理由也不必完美，只要能进入下一流程就行。

我是个现实主义者，在我看来，想要高效率地开发客户，就必须在短时间内接触大量潜在客户。在这种情况下，你会遇到一些情况类似的客户。不要再浪费精力制定完美无缺、契合每一名客户的价值提议，这么做不仅效率低下，而且不切实际。

相反，你应该制定出具有普适性的价值提议，做到自然、真实、迅速、直接、有说服力，绝不能让客户觉得你是在照念粗制滥造的手稿。当然，如果对方是中高层管理人士或高价值的潜在客户，预先准备好具体、切题的 WIIFM 答案就显得尤为重要。

但我们还是要回归现实：对大部分销售人员来说，他们都不会遇到这种情况。所以，你更需要一段在 10 秒内可以讲完的内容，和一个足够好、能让客户同意进入下一环节的理由。请看看这个例子：

> 出于实验目的，兰格让她的研究员去插队使用打印机。她发现，如果研究员态度礼貌，但说服性不强地说："不好意思，我有只打印 5 张纸的内容，能不能让我先用？"对方同意的概率是 60%。但如果研究员理由正当地说："我急着要用"，得到同意的概率就会高达 94%。
>
> 但有趣的是，如果研究员给出的理由十分荒谬，如："不好意思,我有5张纸的内容,能不能让我先？因为我只需复印。"对方还是会有 93% 的几率点头，这确实是个让人震惊的发现。

实验表明"因为"二字本身就是理由，它们比"我需要复印"更重要、更有效。

但你要清楚，我并没有建议你用荒谬的理由去吸引客户。我要强调的是：给出简单、直接的理由就足矣，你没有必要花几个小时冥思苦想出复杂的价值提议，它们很可能不会给你带来更多潜在客户。

例如，你可以像这样说："我能否占用您 15 分钟的时间，因为我想了解更多关于您和您公司的信息。"就这么简单的一句话，就能引起大多数潜在客户的注意。

兰格的打印机实验告诉我们，当我们向别人提出占用时间等要求时，给出理由，别人就更有可能会答应你。

善用同理心，制定桥接内容

桥梁起着连接的作用。用客户，而非自己的语言桥接你提供的解决方案，是销售的核心准则之一。在整个销售流程中，良好的桥接内容能助你成功开发更多优质客户，敲定更多交易。

而在开发客户的过程中，桥接本身就是让客户把时间花在你身上的理由。你会用到两种类型的桥接：针对性桥接和战术性桥接。

针对性桥接主要面向各种类似的客户群，他们的决策者扮演的角色、所在的行业类别、提供的产品、服务都有相似之处。在对买方知之甚少，或业务的回报价值不值得做大量研究工作时，采用针对性桥接就非常合适。

比如你的工作是提供商务服务，潜在客户数据库里有 10 000 条中小型企业的信息，你完全不可能在接触客户前逐个调查资料。这时你应该尽量用最少的时间，多打电话，接触、遴选尽可能多的客户。

你如果不知晓客户具体面临什么问题、关心什么，就要根据宏观经济趋势、该行业中同类公司的处境、对方所处的地理位置、所占有的细分市场或竞争者的产品来进行推断。

在不断接触同类型客户的过程中，你自然会重复并优化你要传达的信息。请看下面的例子：

"坎达丝，你好，我是 Sales Gravy 公司的杰布·布朗特。给您打电话就是想跟您约个会谈时间，让您了解下我们提升新手销售业绩的软件。我有很多客户都苦于要花很长时间才能完全开发出新手销售的最大潜能，这无疑拖慢了他们的企业成长的步伐。我们的软件能够减少 50% 的新手销售培训时间和成本，助您轻松提高新手销售的业绩，让他们迅速步入正轨开始销售，消除您的后顾之忧。我在周四下午 2 点有空，届时能否与您开个小会，好让我了解您那边的信息，以决定是否要安排个产品展示会？"

我想你也发现了，我暗指坎达丝也面临着新手销售业绩提升过慢的问题。其实我并不确定她是否确有此忧虑，但这是基于理性的猜测，很有可能猜中。因为大多数公司都有过销售新手业绩低迷的问题。

在面对单个企业级的高价值潜在客户，和该潜在客户公司的具体中高层管理人员（决策者）时，我建议销售人员使用战术性桥接。战术性桥接要求销售人员必须做好客户资料调查，确保桥接内容或价值提议具体、切题，进而减少风险，让对方把时间花在你身上。

特地为某个潜在客户准备战术性桥接内容很耗时，会极大地限制你当天能完成的工作量。但如果你数据库中的目标客户已所剩无几，或者你准备接触领域内的高价值客户，花时间制定战术性桥接内容倒也值得。若你只有一次接触买方中高层管理人员的机会，你也需要花些时间做战术性桥接，好好把握唯一的机会。

要制定出与潜在客户吻合的桥接内容，你首先要明确与对方进行接触的目的是什么：

※ 是要搜集更多信息，进一步明确客户的价值含量，还是要了解买方决策者是谁，或是要了解对方的购买窗口期是什么时候？
※ 是否要跟对方约定首次会谈的时间？
※ 是否想要对方把你介绍给他人？

想要制定良好的桥接内容，首先要明确自己的目的，知道自己要问什么，怎样给客户一个能满足你要求的理由。

然后开始调查客户吧！设置好筛选条件，在各大搜索引擎上搜集关于该公司或个人的信息；也要检查你的CRM中有没有相关历史记录；明确该公司或分部所在的地址；再浏览对方的社交网站个人主页，从发布的信息中了解他们的行话、核心价值、公共关系、所获奖项、组织结构、近期变化和你能解决的问题。还要研究该产业的各种趋势，阅读最近的商贸文章。

你制定的桥接内容要证明你非常了解他们的具体情况。你可以用他们的语言（通过研究搜集），说出他们面临的问题，进而起到桥接作用。比如，你可以这样说：

"你好，温莎，我是Sales Gravy公司的杰布·布朗特。给你打电话就是想跟你约定个会谈时间。我在《快公司》（*Fast Company*）杂志上看到您打算新招100名销售代表，以便跟上企业不断壮大的规模。我猜测，要让这么多销售提高业绩，步入正轨，贵公司肯定面临压力不小。"

"我与这个行业中其他几家公司有过合作，我帮助他们用更短的时间提高新手销售的业绩。例如，我们帮助 Xjam 软件公司减少了 50% 的培训时间，提高了他们在新手销售上的投资回报率。虽然我不确定我们的办法是否适用于您的具体情况，但我们有不同的方案，和不少同类型的公司也有过完美合作，不知你是否有意了解详情？你看我们在周四下午 2 点，简短地会谈一下如何？"

挫败、焦虑、压力、恐惧、平静。

上述词汇有什么共同点？没错，它们都是描述情绪的词汇。这些词汇能将你与潜在客户的情绪联系起来。成功约定会谈时间、搜集更多客户信息的秘诀就在于明确一个前提：

人们会先根据情绪做出决定，再用逻辑为之正名。

这就是为什么在推销时讲一大堆理由、产品特色都不奏效。相信我，你的客户很讨厌推销。另外，这也是为什么你拿到营销部门给你的客户名单后，会在开发过程中遇到巨大阻力。

在提议正式会谈前，你要让潜在客户觉得你理解他们、理解他们的问题（不论是在情感上还是逻辑上），或至少让他们感觉到你很想理解。只有在你为客户提供了以下 3 种价值时，他们才愿意把时间花在你的身上：

※ 情感价值：意为你在情感上与客户直接连接，当对方感到压力、焦虑、不安、恐惧或愤怒时，你就更要为他们减压，带去希望、安全感和选择，或让他们感到心平气和。

※ 洞见（好奇心）价值：意为你给客户提供的资讯能让对方用来对他人施加影响力。许多客户都非常在意保持公司或个人的竞争优势，他们时刻担忧自己会漏掉对市场上细枝末节的了解。人们总会对未知感到惊惶，特别是在某个竞争对手拥有最优的方法、资讯、系统或程序，而自己没有时。

※ 实在（逻辑）的价值：有些买方决策人或联系人非常看重技术细节和数据指标。这时你能否根据他们的具体状况给出实在价值，讲清楚你能办到什么、过往有什么成功案例、将带给他们什么效益，就显得尤为重要。

制定出最有效桥接内容的办法就是站在对方的角度思考。你要运用与生俱来的同理心，揣摩他们的情感，推断出他们最看重的事情。要做到这一点，先从客户角度思考以下问题：

※ 什么让你有压力？你在何时有压力？
※ 什么事让你感到烦恼？你在什么时候会感到烦恼？
※ 是什么造成了你的焦虑？你在什么时候感到焦虑？
※ 你在时间受到限制的情况下去执行重要的事情时会有什么感受？
※ 你在没有足够金钱的情况下去完成目标时会有什么感受？一般什么时候会发生这种事？
※ 你在没有足够资源的情况下去完成目标时会有什么感受？一般什么时候会发生这种事？
※ 你在知识储备不足以完成目标时，会有什么感受？一般什么时候会发生这种事？

※ 你在没有完成目标时会有什么感受？

※ 你会在什么时候感到不知所措？这是一种怎样的体验？

※ 什么事会打破你原本安定的心境，带走你的安全感？

※ 没得选择是一种怎样的感受？

※ 什么事带给你挫败感，让你停滞不前？

※ 什么事让你烦到抓狂？

※ 什么事会让你产生怀疑？

※ 什么事让你恐惧？

※ 什么事让你憔悴不堪？

※ 你在×××发生时有什么感受？

※ 你想知道什么？

※ 怎样的未知会带给你烦恼？

※ 竞争对手得知什么信息会让你害怕？

※ 当竞争对手做什么时，你也会想做？

※ 你认为什么信息能给你带来优势？

※ 什么事会让你感到好奇？

※ 什么事正在窃取你的时间、金钱或资源？

此外，你还要清楚你销售的产品或服务的长短处，明确你的竞争优势，你将带给市场的价值，总结好客户的共同点，分析你准备敲定的交易并对打开购买窗口期的触发事件形成更深刻的认识。

请思考如何才能把你和客户的具体境况联系起来，如何才能用你的言辞、说话口吻和肢体语言把内容表达好。

然后，在进行下一步前，请回答一个最重要的问题。思考好这个问题，能进一步减少被拒绝的可能性——在什么情况下，对方会说："那又怎样？"

别让外在表现出卖你的恐惧

提要求，是所有开发行动中最重要的举动。如果你无法通过提要求让客户行动起来，其他一切都徒劳。

为何如今的客户开发变得过于复杂？为何这么多公司编写出又臭又长的弱智手稿，让销售人员照着对客户念："如果您不是十分忙碌的话，我们是不是可以小聚几分钟？您觉得呢？"因为他们回避了直接提问，他们觉得直接提问可能会被拒绝。

对被拒绝的恐惧，让许多销售人员宁愿去寻找所谓的捷径和秘诀，也不愿意直接提出要求。这就是为什么很多销售人员喜欢问我："你的诀窍是什么？"或"能不能告诉我成功的秘密？"这也是为什么这么多销售人员被骗去参加研讨会、购买所谓的大师产品，听信他们的谎言。到头来才发现，其实所谓的秘诀根本不存在。

残酷的现实又来了：只有一个技巧能让你在客户开发中获得你想要的东西——提出你的要求。

是的，提要求。要求他们与你进行会谈，要求他们提供信息，要求他们告诉你谁是决策人，要求他们进入下一个环节，要求他们下订单……要求你所要的东西，就这么简单。

事实上，如果你在客户开发中收获寥寥，定不下会谈时间、找不到买方决策人、敲定不了交易，十有八九是因为你没有提出要求。为什么？因为你很害怕听到拒绝的答复。

从开发客户到最终与客户敲定交易，你需要一直提要求。你如果不提，交易就会陷进泥潭、中途流产，或根本无法启动。提要求，有以下3个步骤：

1. 认定自己会得到想要的，满怀自信地把要求提出来。

2. 闭嘴。

3. 准备好应对买方下意识的反应、敷衍和回绝。

在追踪了数千通的销售电话后，我们发现如果销售人员能以自信、肯定的语气提出要求，潜在客户表示同意的概率会有70%。相比之下，语气犹豫、飘忽不定的提议得到正面回复的概率只有30%。如果不仅你语气肯定，还能给出一个理由，那获得同意的概率会变得更高。

《销售小红书》（*Little Red Book of Selling*）的作者杰弗里·吉托默（Jeffrey Gitomer）曾说："先入为主的姿态是世界上最强大的销售战术。"

这种姿态源于你的信念与自我暗示。你要不断暗示自己将会成功，这样才能支撑起内在的信念，进而形成一种乐观预期心态，最后通过你的肢体语言、用词和声调、语调的变化表现出来。

由于以肯定的语气提要求有较高的成功率，随着你成功拿下客户的次数越多，你的自信心就会越强。

不论是在电话里、面谈还是在电子邮件或社交媒体的交流中，你所选用的词汇和句子的结构，也将直接体现出你预期自己会得到同意还是回绝。

不肯定的、被动的、弱气的提问

※"您现在方便吗？"

※"我在想您可不可以……？"

※"我一整天都有空。"

※"您觉得怎样？"

※"您觉得什么时候最合适？"

※"我在想能不能占用您一点时间，问几个问题？"

※"您觉得这个时间可以吗？"

肯定且自信的表述

❅ "我打这通电话的原因是……"

❅ "请告诉我×××是谁、这事我该如何做、您的购买窗口期（或其他）是什么时候、×××在哪、×××是什么……"

❅ "我还有很多新客户要跟进，不过我在11点前有一小段时间有空。"

❅ "不如我们把这事给定了吧。"

❅ "周一我要去见个客户，地点离您的办公室不远。我们中午可以顺便吃个饭。"

❅ "我的很多客户都表示深受×××困扰，您觉得您面临最大的挑战是什么？"

❅ "我们下午2点出来见个面如何？"

在使用电子邮件、社交媒体私信和手机短信进行客户开发时，直接、自信的用词和句子结构好比面谈时的肢体语言。如果你的用词软弱、被动，一样会让对方觉得你缺乏自信。

另外，在电访和面谈时，你的表达方式必须要符合你的用词。因为潜在客户会下意识地判断你的用词、声调和肢体语言是否协调一致。如果得出的结论是不一致，那他们就不会相信你，进而对你的推销产生抗拒。

当你面临被拒绝的风险时，恐惧感会油然而生。这种心理反应部分源于我们大脑中一个叫杏仁体的部位。其结构类似杏仁，负责触发"战斗还是逃跑"的判断机制，帮助我们趋利避害，从危险的环境中生存下来。但不幸的是，杏仁体不会区分受到威胁的程度。发出"嘶嘶"声的响尾蛇，与准备拒绝你的潜在客户，在杏仁体看来并没有区别。

在判定威胁存在后，杏仁体会关闭一些次要的身体机能，把节约的能量导入肌肉中,让身体准备好战斗或逃跑。换句话说,就是让你达到警戒的巅峰状态,以从危险中存活下来。

这就解释了为何你在向客户提出要求之前会在生理上感到焦虑、恐惧。你之所以会眩晕、掌心出汗、肌肉绷紧,是因为你在潜意识中准备着"迎击"客户的拒绝。

克服对被拒绝的恐惧并不容易。我做了一辈子的销售,也算做得非常成功。但直到今天,在开发客户时我依然不得不提醒自己:"被客户拒绝不会要了我的命。"而这就是关键所在——你必须让理性的大脑告诉杏仁体或"爬虫脑"①,客户的拒绝并不是威胁。

要做到这一点,首先要学会在提出要求前预知即将到来的焦虑感;然后练习自我暗示、控制对恐惧的外在生理反应。顺便说一句:勇气就像肌肉一样,你锻炼得越多,它就越强壮。

即使内心非常狂乱,翻涌的情绪就像座即将喷发的火山,通过有意识地控制肢体语言、用词、语调和声调变化,你仍能表现得像平湖上的鸭子一般,平静放松,自信满满。

感到恐惧、缺乏自信和安全感的表现

※ 说话的声调很高。

※ 语速快。当你语速太快时别人就会觉得你说的话不可信。

※ 紧张或带有防卫性的语气。

※ 说话过于大声或绵软。

※ 语气弱、紧张,说话带有太多填充词,如"唔""呃",或让人尴尬的沉默。

※ 缺乏眼神交流。这会让对方觉得你不自信、不可信。

---

① 爬虫脑在大脑最里面连接脊椎根部,主要负责自动控制功能,完全是条件反射地活动,比如心跳、呼吸、血压等。除非经过特殊训练,一般人是无法主动控制这部分大脑的。——译者注

※ 双手放进口袋。
※ 随性的小动作和手势。
※ 触碰脸部或咬手指，都会让对方清楚知道你内心紧张、不安。
※ 驼背蜷缩、低头、两臂交叉。
※ 脚部前后移动或摇动身体
※ 姿态僵硬、身体紧绷、牙关紧咬、面部表情紧张。
※ 握手时软弱无力、手心出汗。

姿态放松、自信的表现

※ 说话声调变化平缓，语调较为低沉。
※ 语速平稳，带有恰当的停顿。
※ 语气平易近人，能通过声音传达出微笑。
※ 能够调整声调，强调某些词汇或短语，适当加重感情色彩。
※ 直截了当、语速平稳地切入要点。
※ 大方、适当的眼神交流。
※ 说话时双手放在身前或两侧（这会让你感到不舒服但会让你看起来强而有力、自信有加）。
※ 有风度地使用手势。
※ 双手可以放在身体两侧或前方，但不能呈现出咄咄逼人的姿态。
※ 下巴抬高、胸部挺起，呈现出挺拔姿态。这样还能够给你带来自信。
※ 以自然、有力的姿势站定不动。
※ 自然的笑容。这种笑容是人类的通用语言，意为："我是友好的，你可以相信我。"
※ 握手时眼神坚定、自信地目视对方。

比说话更重要的是闭嘴

掌握说话和闭嘴的时机，是在向客户提要求的过程中最难掌握的部分。在要求提出后，选择权全部在对方手上，你可能随时会遭到拒绝。当你感到没有安全感时，会怎么做？没错，你会尝试保护自己。

在你提出要求后，尴尬随即而至。你开始感到头晕，对方拒绝你的场景不断在脑海中闪现。这片刻的沉默就像是永恒，让你觉得无法忍受。

对方的沉默让你乱了方寸，你开始无法控制自己的情绪。于是再次打通了对方的电话，这通电话就此变成脱轨的列车，冲向万劫不复。由于想阻止根本没有出现的拒绝，你不断解释，却反倒给了客户说不的机会。你滔滔不绝地讲出产品的特点、好处、还讲到你的公司、你的宠物狗、你的母校，直到本来都要答应你的客户终于开口拒绝，你才停了下来。

这就是为什么无论你肾上腺素激增的大脑响起多少次警报，你都必须把嘴闭上，给客户说话的时间。原因如下：

你越快得到对方的回答，就能越快地与之进入下一环节，或开发下一个客户，或处理对方的拒绝与不确定答复。其实，无论是哪种性质的答复，闭嘴都是对你职业素养的考验。

快速得到肯定答复。 大概有 1/3 的客户在你提出要求后会马上答应。遇到这种情况你就要把他们的同意转换为板上钉钉的交易，而不是过犹不及地用一大堆说辞吓跑对方。他们表示同意，你也得到了想要的，这样效率就很高，双方都可以快速展开下一项工作任务。

快速得到否定答复。 另外 1/3 的客户听到你的要求后会立刻拒绝，没有任何回旋余地。有时对方会狠狠挂掉电话、当着你的面大力摔门或直接删掉你发去的邮件，有时他们甚至会恶语相向。虽然被拒绝非常难受，但快速被拒也有它的好处，起码你可以马上开始打下一通电话。

快速得到模棱两可的答复。 还有 1/3 的客户会犹豫不决，给出不确定的答复。他们跟你谈条件，模棱两可地拒绝你。遇到这种情况，你必须运用强而有效的 RBO 转换策略，将模棱两可的答复转换为客户的首肯。

做好充分准备，你就会懂得如何处理对方下意识的反应、敷衍和拒绝（RBO，reflex responses，brush-offs，objections），并能够在该沉默时管住嘴，安静自信地等待对方的答复。在第 15 章，我们会详细地讨论 RBO 转换策略。

第14章
不电访，无业绩

"陌生电访已死论"给了很多销售人员不给客户打电话的借口。他们并不是害怕打电话,而是害怕来自电话另一端的拒绝。准确地说,他们因为没有掌握正确的电访技巧,而丧失了自信。可是,电话仍然是最重要的客户开发工具。不打电话,如何创造业绩?

沃森先生，我想见见你。

——亚历山大·格雷厄姆·贝尔[①]

"如何才能让一名销售停止工作？"

"放一部电话在他面前。"

这则笑话总能让参加主题演讲和研讨会的销售人员紧张地笑笑。

数以千计的销售人员都觉得电访客户是人生中压力最大的事。他们会一直盯着电话，心里默默祈祷它突然消失。他们会不断拖延，在打电话前做各种准备，确保每件事都尽在掌控；只要能找到任何借口（是的，在我看来那些统统都是借口）去优先干别的事，他们就会把电访客户的事情往后拖。

销售人员甚至会向上级抱怨说已经没人会接电话、人们不喜欢电话联系、打电话纯粹是浪费时间。他们还会给任何对外的电访贴上"陌生电访"的标签，却去抱那些所谓的"专家"的大腿，听信他们宣称陌生电访已死的谎言。

[①] 亚历山大·格雷厄姆·贝尔（Alexander Graham Bell），电话的发明者。——译者注

上个月，一家位列全美前五的保险公司雇我为他们组织一个狂热的销售新手训练营。付钱给我的主管告诉我，他们团队唯一的难题就是客户开发。他的原话是："现在，要让他们拿起电话与客户交流都十分困难。"

训练开始的当天，我去到他们公司，刚准备开始工作，那位主管便把我拉到一旁说："我不想让你难堪，但我得告诉你这个行业的新常态——现在已经没人会接电话了。我知道你待会要让他们进行现场电访，说实话我没抱太大希望。"这家伙用大笔钞票请我过来，就是为了让他的保险代理们能够高效能地开发客户。但训练都还没开始，他居然就在为电访无用找借口。

那一天，销售新手们对着自带的目标客户名单，进行了3个时段的电访。一天下来，潜在客户的电话接听率高达51%。并不是出现了任何统计差错，这就是19名保险代理新手对外拨打的1 311通电话的接听率。

一天的工作结束后，我和主管坐下来聊了聊。了解了当天的数据后，他显得非常兴奋，一脸期待地问："我们什么时候才能让你再来一次？"同时他又有些疑惑："为何大家都说没人接电话了，你却还能给出如此惊人的数据？"

我问："是谁跟你说没人接电话的？"

"那些保险代理啊！"他回答道。

我又问："这些人是不是不愿意打电话？"

他逐渐醒悟过来，缓缓地点了点头。

没人会接不响的电话

"电访不再奏效"和"没人会接电话"的谎言，每天都在我主持的销售新手训练中被戳穿。包括我们 Sales Gravy 公司在内，全美数以千计凭借电访不断壮大的销售团队，都是驳斥谎言最有力的证据。

数字从不说谎，根据销售所卖的产品和买方的级别，各行业的电话接听率分布在 15%～80%。具体来说，在商务服务的领域，客户的电话接听率稳定在 25%～40%。这比电子邮件的回复率要高多了，跟社交媒体开发比，那更是不知高了多少倍。所有现实的证据都指出："陌生电访的成功率低"根本就是个弥天大谎。

事实上，我们掌握的数据指出，对比 20 世纪 90 年代，客户的电话接听率还上升了 5%。虽然具体不清楚为什么有更多潜在客户愿意接听电话，但我猜测有以下 3 点原因：

1. 手机不同于固定在办公桌上的座机，人们会随身携带。不管是因为手机是他们唯一的通讯工具，还是因为打到办公室的电话会自动转接到他们手机上，潜在客户都会很自然地接听手机来电。

2. 已经没多少销售会打电话。由于许多销售都转而通过电子邮件、社交媒体私信或手机短信联系客户，推销电话变得比以前少了。因此，仍会打电话的销售就能脱颖而出。

3. 客户对不具针对性、不相关的（很多时候还是自动发送的）推销电子邮件已经不再感兴趣。他们想要些不一样的，例如一个鲜活的、真实的销售人员。

你想想看，如果打电话真不奏效，为何全球还有这么多蒸蒸日上的电话销售公司？许多公司花费数万美元，只为雇佣专门用电话开发客户的外包商。因为除此之外没有其他办法能填满销售渠道，而它们又容许自家的销售不打电话。

电话不是你的敌人，是你的同盟

听好了！电话是最强大的客户开发工具！

我再详细地解释一遍：没有其他销售方式有比电访更好的开发效果，或是能比电访更快地填满销售渠道、用更少的时间联系更多的客户。不要再把电话看做是你的敌人，它不是一只长满黏滑触手的外星怪物，它也不会自动打给客户。

残酷的现实又来了：无视电访的销售人员注定无法获得更高收入。东尼亚是一名外部销售员，他曾问我："我的经理老想着让我用电话开发客户。但我很不擅长打电话，我想向他说明我更擅长当面开发客户。我要如何才能说服他让我出去走街串巷，当面接触客户呢？"

许多销售人员被要求用电话开发客户时，总会说："当面接触客户要比这好多了。"我的答复是："你当然更擅长当面接触客户，要不你的公司怎么会雇你当外部销售员。但对销售员而言，时间就是金钱。有目标地进行一小时的电访所能取得的成果（如接触和遴选了多少客户、定下了多少会谈），要比你在负责的片区随机敲门一整天取得的成果大得多。"

不妨这样想：如果采用当面开发的方式，你花 8 小时的时间能定下多少个会谈？就算是在人口最密集的街区，能定下 20 个也不太容易。在大多数区域，算上开车和停车的时间，能谈下 10 个就不错了。如果遇到刮风下雨、天寒地冻的天气，这数字还得往下掉。

但如果给你一张目标客户名单，在一小时内你能打多少通电话？按一通电话要花 1～2 分钟来算，你能打 25～50 通电话。电访大概只花了当面接触十分之一的时间，却能与 2 倍左右的客户进行交谈。你认为哪种开发渠道能取得更好的结果？答案不言自明。

电访是效率最高的开发渠道，因为只要你安排得当，短时间内接触的客户数量肯定高于任何其他开发渠道接触的客户，甚至连电子邮件也不例外。在销售工作中，除了开发客户外你还有其他事情要做，所以选择最高效率的开发渠道对你最有利。而效率最高、效益最好的开发渠道就是电访。

比起电子邮件、社交媒体和手机短信等工具，电话更有效。因为在电话上你能够切实地与对方进行交流，自然也更有可能搜集更多信息、定下会谈时间和卖出产品。但依然有很多销售觉得电访很让他们尴尬，因为：

※ 他们不知道如何有效表达，只会说些笨拙的话，或照着粗制滥造、让人尴尬的手稿念。

※ 他们没有一个易于实践、切实有效的电访流程。

※ 他们不知如何处理客户的下意识反应、敷衍和回绝。

※ 他们害怕听到拒绝的答复。

当你讨厌打电话时

戴夫是一名来自北加利福尼亚的销售代表，当我在编写此书时，他向我请教了以下问题：

"杰布，我需要你给我些建议。我第一通开发电话的结果不怎么好，现在我仍然笼罩在这阴影之中。我就像是个七年级的小屁孩，想打电话邀请一位女孩参加学校的舞会，结果接电话的是女孩的爸爸，把我吓得不轻。我一直很自信，对产品非常熟悉，也有敲定交易的能力。但在电话上跟一名新客户交流完全是两码事。我知道，如果我能克服这个难题，完成月度目标对我来说简直易如反掌，请给些建议。"

这个问题我很喜欢，因为够真实，而且反映了大部分销售人员在进行电访时的感受。戴夫和许多销售人员一样，每天踌躇满志地进入办公室后，准备拿起电话，接触新客户。但真拿起电话了，就开始犹豫不决，在做了一小时的无谓挣扎后，才在手心出汗、心跳加速的情况下打出了第一通电话。当潜在客户接听了电话，戴夫的头脑却是一片空白。于是他开始支支吾吾，结结巴巴。潜在客户见状立刻打发道：

"我不感兴趣！"

"好不好？我们很好！"

"我没时间跟你说这些。"

戴夫感觉自己被拒绝了，这太丢人现眼了，打下一通电话的动力也顿时消失殆尽。为了逃避打电话，他开始把时间花费在翻动文件或别的琐事上。他一会儿去发电子邮件，一会儿又在社交网站上溜达一圈，然后又毫无意义地倒腾 CRM。最后向经理抱怨他有太多管理工作要做了，根本没时间打电话。

我不打算绕圈子，电访的确是最受轻视的销售行为。给你不认识的人打电话确实很难通过自己这一关，何况这还会打扰到别人，面临一次又一次的拒绝。

你永远不可能带着轻松愉快的心情给一个陌生人打电话，因为这确实不是一件自然的事情。在打电话的过程中，总会出现忘词的情况，这让你十分尴尬，有时甚至一整天都是这种状态。你得到的拒绝永远比肯定的答复要多（当然每种开发渠道都是如此）。

但这就是为什么这种行为叫作开发客户，而不是收割订单。你不妨这么看：如果给客户打电话真那么容易，那人人都能当销售员了。

广泛接触了来自各行业的销售人员后，我发现他们中的大部分人都不知道如何运用电话进行客户开发或销售，也从未被传授过打电话的技巧，有一部分人也确实更喜欢用电子邮件或手机短信联系客户。

大多数公司都没有针对电访这一技能进行培训，这无疑让问题更加严重。有些公司虽然会提供电访培训，但通常是连篇废话，由从未用电话成功开发过客户的人杜撰而成。这些废话永远不会在真实的客户开发过程中奏效，只是给销售们提供了又一个不打电话的借口。

还有些公司和销售机构会把撰写电访读稿、培训销售人员的任务分配给营销部门（更坏的情况下会分配给人力资源部门）。要知道，撰写这些读稿的营销人员从来不会被要求去致电潜在客户，他们也绝对不会这么做，让他们割腕自杀都比这现实。

某些销售团队使用的办法真是让我迷惑不解。在这个月的一次会议上，我认识了一名人力资源经理，她被分配了一项任务：为公司的销售人员组织客户开发培训。于是我问她有没有亲自打过推销电话。

她回答道："没有。"

我又问："既然你从来没卖过东西，那你要怎么培训销售？"

"我曾为一家公司开发新人入门指导课程，当时老板挺喜欢的。所以现在的老板想让我尝试开一门销售培训课程。"

"但我还是不明白，你自己都不懂如何推销，又怎么能教别人呢？"

她回应道："有不少人向我推销过东西，我知道我自己不喜欢什么，所以我打算从这一点入手。"

"我很好奇你如何看待销售人员电访客户的行为？"我继续问道。

"我可不会这么做！"她斩钉截铁地说。

我预计，她的销售培训课程，肯定比不理解、不欣赏销售职业的人做得还要烂。

有太多销售主管根本不懂得如何向自己手下的销售人员传授电访客户的技巧。虽然他们知道，如果销售人员非常积极地电访客户，就能带来更多生意，提高产品销量。但他们就是不知道如何让销售们做到这一点。

我编写此章的目的就是展示出能助你更好地利用电话进行客户开

发的方法，进而让你与合格的客户谈成生意，超额完成销售任务，完胜你的竞争对手。

※ 你首先会学到如何运用电话让你每天的工作效益最大化。我会教你如何用最少的时间打完更多的电话。这样你在电访时段结束后就能展开其他轻松愉快的任务。
※ 随后我会告诉你在客户接听电话后你该做什么、说什么。你将学到减少阻力、增加达成特定目的成功率和缓解客户抵触情绪的方法。
※ 最后，在下一章，你将学到如何有效地处理和绕过客户的下意识反应、敷衍和拒绝，进而更高效地约定会谈时间、搜集信息、遴选客户。

但在进入下一小节前，让我们先明确一些事情：

※ 用电话开发客户会经常遭到拒绝。从数据来看，电话是与潜在客户进行最多实时互动的开发渠道。
※ 大部分电话都会被转接到语音信箱。根据你所在行业、你的客户数据库和目标客户名单的不同，被转接到语音信箱的概率在20%～50%浮动。
※ 你之所以会一看到电话就意志颓丧、对电访客户深恶痛绝，是因为你自己，或教你开发客户的人将这件简单的事情复杂化了。
※ 没有人会真心喜欢用电话开发客户。不论我教你什么，你很有可能依然痛恨使用电话。但要想取得顶尖销售业绩，你就肯定要电访客户。

如果你想赚大钱、做团队中的佼佼者，你就得接受电访客户确实很痛苦这一现实，然后硬着头皮上。

留出一个电访时段

狂热的客户开发者每天都会给自己规定 1～2 小时的电访时段。在这段时间内，他们会关掉邮箱和手机，排除一切外界干扰。他们还会制定清晰的目标，规定自己在限定时间内要打完多少通电话。总之，他们神圣的电访时段会一直出现在日程表上，不容任何改动。

有些人会把电访时段分解成更短、更容易管控的小段时间，再给各小段时间分别设定目标。因为打 10 通电话要比打 100 通容易，坚持 30 分钟的电访也比持续打 2 个小时的电话更为简单。先给自己设定较小的目标，这样能帮助你克服最初的恐惧和迟疑，较短的电访时段也有助于你集中注意力。

有些人则会给自己设定每日的电访目标。比如，他们会提前决定好今天要打 50 通电话。下一步他们会将这个目标分在 5 个时段完成，每个时段打 10 通电话。然后，他们会干劲十足地逐个击破。每时段的任务完成后，他们就会小小地奖励自己一下，然后再打 10 通电话。

我曾见过一个卖软件的销售人员制作了一张写满了 1～50 的阿拉伯数字的纸。从 50 开始，每打完一通电话，她就划掉一个数字。她告诉我，这个技巧能让她更容易地完成规定的目标。

在 Sales Gravy，我们把电访时段称为冲刺小时（有时是冲刺半小时）。一到冲刺小时，我们就会把所有其他事务放在一边，集中精力打尽可能多的电话。时间限制的存在能帮助我们集中注意力。

唤醒你的好胜心和创造力，好好享受向目标冲刺的过程和完成目标后的畅快。别说你与世无争、缺乏创意，如果真是如此，你当初也不会进入销售这一行。你可以给自己制定独特的挑战目标。我了解到有些人会统计自己在电访时被拒绝的次数。他们会玩一个游戏：看看大家最多能收到多少次拒绝。这听起来有些病态和扭曲，但我试过。这确实有促进作用，毕竟你得到的拒绝永远比肯定答复多。

总之，不管你具体怎么做，一定要给自己设定电访时段。把这视为对自己的神圣承诺，不要违背，也不要拖延。

五步走流程：让电访更高效

在所有的销售行为中，电访客户被复杂化的程度最大。**真正高效率、高效能的电访应该以放松、自信、专业的姿态进行，这样能减少阻力并快速得到客户的答复**。不论答复是肯定、拒绝或是模棱两可的。运用正确的电访方式，销售人员能够将对方的肯定答复转化为板上钉钉的交易，能够快速应对客户的下意识反应、敷衍和拒绝。

当你拿起电话打给客户时，不管你之前有没有和对方接触过，也不管对方是被推荐的人、需要跟进的客户，还是被集客式营销吸引的客户。你的电话都不在他们的意料之中，你肯定会打扰到他们。

假如你在工作时被一通突然而至的电话打断，这时你心里是什么感受？你可能会感到恼怒、厌烦，因为在大多数情况下，电话响起时你正在专注于某件事。

那这时你有什么反应呢？

我猜你的第一反应可能是："我根本不想接这通电话！"因为我们都不想被打扰，你的潜在客户也不想。

但我们还是要回到现实。作为一名销售，你可以在以下两个选项间做出选择：一、去打扰别人；二、辞职找份新工作，比如去你当地的咖啡店打工。不去打扰别人的销售，注定连自己的孩子都喂不饱。

现在回到刚刚的情景中，你被推销电话打扰了，这时你想怎样？

你会希望来电者直接说重点，这样你就可以尽快挂掉电话，继续做手上的工作。

现在请站在潜在客户的角度想想。他们也是人，也跟你一样讨厌被突然而至的电话打扰。作为销售，你要做的就是压缩通话时间，在电话接通后马上切入要点。这样你就能更迅速地达成目标，对方也能更快地回到正在做的事情上。

要提高效能，你就需要在10秒或更短时间内组织好语言，好让人听起来你像是权威人士，而不是照读手稿的机器人或电影里经常出现的典型低端销售。

你还需要建立一套可持续采用的固定流程，这样能让你和潜在客户都轻松不少。有了固定流程，你就不用每次思考要说什么。固定流程还能帮助你集中注意力、从容谈吐，这样既节省了对方的时间，也表达了尊重。

更简短、更有效的电访意味着你能更快地完成预设目标，进而填满销售渠道，让你有更多的时间去做那些轻松愉快的工作。有效率的电访流程应该如下图所示，即五步走（图14.1）：

1. 直呼其名，引起他们的注意力，如："你好啊朱莉！"

2. 表明身份："我叫杰布·布朗特，是Sales Gravy公司的员工。"

3. 告诉他们你的致电原因："打给您是想跟您约定一下会谈时间。"

4. 给对方一个理由："贵公司在网站上宣布计划明年新增200个销售职位。行业内有几家公司都聘用我们作为寻找优质销售的独家猎头，他们对我们的工作成果也非常满意。"

5. 提出要求，然后闭嘴："我建议我们不妨约个时间进行一个简短的会议，这样我也能了解您目前面临的销售人员招聘问题，同时了解你们的目标。您觉得周三下午 3 点钟如何？"

图 14.1　简单电访的五步走流程

我希望你能明白一点：绝对不可以暂停。一旦停下，你就失去了对这通电话的控制权。在我进行电访时，对方一接听电话，我就会马不停蹄地开始走这五步程序。我要做到尊重对方的时间，就得快而准地切入重点，快速得到肯定或否定的答复。

下面是一个以搜集客户信息为目标的电访范例：

"你好！伊恩！我是极点餐厅的代理人杰布·布朗特。我了解到您正准备在 44 支路开一家餐厅，打给您就是想了解下您目前购买厨房器具的进度。我知道这通电话似乎有点晚，但我相信如果我的设计团队能和您的团队合作，共同商量厨房的布局，您会有更多选择。我们定能给你省下一大笔建筑费和未来的人力成本，因为我们能够设计出一个高效的流水线型厨房布局。能否告诉我您的方案选择标准是什么？方案选择的程序会在什么时候开始？"

下面是一个以甄别客户质量和直接与对方进行销售会谈为目标的电访范例：

"你好！科琳娜！我是来自极点软件公司的杰布·布朗特。我看到您下载了我们公司如何让登录页面带来更多准客户的线上文件。打给您就是想了解您为何会对这份文件感兴趣。我与不少营销主管人员共事过，他们都曾面临优质准顾客匮乏的问题。我知道如何才能让我的客户获得更多的优质准顾客，我也很乐意与您分享这些方法。能否告诉我您目前的具体情况？"

遵循这五步走流程，你会发现自己忘词的情况少了，交易达成率提高了。

这五步走程序可广泛适用于各种情况，让你能够专注于传达的内容，无须每打一通电话都要费时费力地重新准备一遍。

正确的电访要做到专业和直接切入要点。完全没必要照搬粗制滥造的读稿，这么做不仅让你看起来愚蠢不堪，还会让潜在客户火冒三丈，增大开发客户的阻力。

直呼其名，引起注意力

潜在客户接听电话后，你必须瞬间引起对方注意。引起他人注意力最简单、迅速的办法就是直呼其名。

无论何时、何地，当你呼唤某人名字时，他们的注意力完全放在你身上。此道理同样适用于打电话，一定要运用这个有利于你的方法，简单一句"你好，朱莉"就行。

注意了，我并没有向朱莉提问，我没有说："朱莉，最近还好吗？"

我没这么问是有原因的。你的电话会打扰到潜在客户，让对方产生抵触情绪。这种抵触情绪在他们意识到你是销售人员后会达到顶峰，因为他们会觉得自己根本就不应该接你的电话。

如果你的开场白是这样的："您好，我是小部件公司的史蒂文。您今天过得怎样？"说完之后你暂停了，对方会马上意识到你是销售人员。这样导致他们本能地想挂掉电话，继续干自己的事。于是他们会下意识地回一句："没兴趣！"或问"你是谁？"

你的潜在客户本来在专心工作，你的突然来电打断了她的进程。当她听到你问"今天过得怎样"之后马上意识到自己接了不该接的电话。于是她的"迅速摆脱销售人员机制"被激活了，你一停下，她就毫不犹豫地拒绝你。这就是你丧失了对电话的控制权的写照。

所以，别问"今天过得怎样"，也别停顿，别让任何尴尬的沉默出现。直呼其名后要马上接着讲。

自报家门，表明身份

直呼客户名字后，告诉他们你是谁，为什么打给他们。信息透明有两点好处：

※ 证明你是专业人士而且尊重对方的时间。
※ 开门见山地表明身份和来意可减轻对方的压力，在知道具体信息时，人们心里会更舒服。

我能确定的是：潜在客户跟你一样，不想被戏弄，不想被摆布，也不想被打扰。他们也想获得别人的尊重，而你表达尊重的最佳途径就是做到真实、切题、直接。

不要强调"我"，给客户一个理由

在此前的章节我们已了解到，当我们向别人提要求（如让他们花时间与我们交流）时，给他们一个理由，会更有可能达成目的。你给出的理由就像一座桥梁，能把你的要求和客户为什么要满足给联系起来。你已经打断了对方正在忙的事，也表明了你的身份和来意，现在就该给他们一个理由，说服他们把更多宝贵的时间花在你身上。

要知道，对方完全不在乎你销售的产品、服务。他们也不在乎你想要什么、想做什么，更不会管你的指标是多少、能不能与他们做成生意。他们只在乎与自己相关的问题，把时间花在你身上也只是为了满足自己，而不是满足你的需求。这就是你要注重自己表达内容的重要原因。你是会加深对方的抵触情绪、再次被拒，还是能推倒高墙、打开生意的大门，直接取决于你说什么和怎么说。

请绝不要讲下面的这些，也不要讲类似的话：

※ "我想跟您聊聊我们的产品。"
※ "我想跟您见个面，向您展示下我们能提供的服务。"
※ "我想跟您聊聊我们的新服务。"

这些表述都是以你自己（"我"）为中心的，"聊聊"和"展示"这种词，会让客户觉得你的真实意图就是推销。我敢向你保证，潜在客户最不愿意花时间做的，就是听你讲一大堆废话。

在运用第13章介绍过的WIIFM制定简短、能说服人的信息时，请使用以下能引起情感共鸣的词汇和短语：

※ 了解更多关于您和您业务的信息。
※ 分享一些帮到其他客户的意见。
※ 分享行业内其他公司的好办法。
※ 了解您目前的状况。

※ 看看我们该如何解决。

※ 弹性。

※ 选项。

※ 节约。

※ 挫败感。

※ 关心。

※ 压力。

※ 浪费。

※ 时间。

※ 金钱。

这些词汇和短语统统以对方为中心。在花更多时间在你身上之前，潜在客户想要感受到你有了解他们的想法和问题的意愿。

站在对方的角度思考，才能传达出有效力的信息。运用上帝赋予你的同理心，去感受对方的情感，揣摩他们重视哪些事。

提出要求，然后闭嘴

提要求，是此程序中最重要的一步。

※ 如果你的目的是遴选客户，就向他们索取相关信息。

※ 如果你想与对方会谈，就提出具体的时间。

※ 如果你想在电话上与对方进行正式销售会谈，就提一个开放式问题让他们开口说话。

无论你的具体目标是什么，不变的前提是：你必须迅速得到对方答复，无论那是肯定、否定、还是模棱两可的。别在提要求的环节上绕圈子，也不要问出："如果您现在不太忙，我们是不是可以小聚一下？您意下如何？"这种问题，这会让你陷入被动。

一定要做到自信洋溢、直呈要点、流利清晰。不要有任何停顿，直截了当地提出问题，认定自己会得到肯定答复，然后闭嘴。销售人员在打电话时犯的最大错误就是滔滔不绝地讲，不给对方回答问题的机会。这么做只会加重对方的抵触情绪，使你被拒绝，最终失去客户。

所以你只需闭嘴等待对方回答就好。那么在你提出要求后，对方会不会下意识地回应、敷衍或拒绝？当然会！这就是现实，被拒绝是家常便饭。由于你直截了当地提出了要求，没有浪费时间，你会有更多时间思考如何应对客户的回复，进而让你更有可能成功。

在下一章我们会讨论如何转化客户的下意识反应、敷衍和拒绝。现在你需牢记：只要直截了当地提出要求，并在言语间流露一种你肯定他们会同意的自信，就将大大提高电访的成功率。

总而言之，索要你想要的，然后闭嘴。

留下有效力的语音信息

不论你有多擅长打电话、列出的目标客户名单多具有针对性、在打电话时有多聚精会神、打电话的时机又有多好，你打出的大部分电话都会被转接到语音信箱。

我知道这会让你抓狂，因为我也会因此抓狂。电话连接到语音信箱后，我们脑海中总会出现这些问题：

※ 我真的要留言吗？
※ 如果我留言了，对方会回吗？
※ 我该说些什么呢？

虽然以上问题没有标准答案，但弄清楚在语音留言中应当表达什么内容依然很重要，因为潜在客户确实会听、会回复语音留言。有效的语音留言至少能帮你达成以下两个目标中的一个：

※ 让高价值的潜在客户给你回电话。
※ 提升高价值潜在客户对你的熟悉程度。

每当有销售人员问我该在什么时候留言，我总会说："在你觉得值得的时候。"如果你的电访名单上全是陌生的潜在客户，就大可不必留言。毕竟你们互不相识，而且他们也不是很优质的客户，回复你的概率比较低。所以，更高效率的做法就是在电访时段尝试接触尽可能多的客户，而不是把时间浪费在电话留言上。

语音留言并不高效，仅是听自动提示语音就会花掉你好些时间。如果按照留下一封语音留言要花 20 ~ 30 秒来算，那在一小时的电访时段中，你得花 10 ~ 15 分钟来留言。根据统计，对方回复的概率非常低，不会超过 10%。所以从总体来看，留下语音留言的效率和得到回复的概率，都非常低下。

因此，你要谨慎使用语音留言。不过，如果你正在攻坚高价值客户，而对方的电话又转接到语音信箱，那就一定得留言，每次都要。如果目标客户准备进入购买窗口期，那你也得留言。因为跟进这些价值客户十分重要，留下语音信息是很有必要的。即使对方不回复，语音留言也增加了他们对你的熟悉程度。你所花费的时间是有价值的。

由于没有任何权威的理论说明在哪种情况下需要语音留言，所以你得根据自己的目标和事情缓急等具体情况决定要在语音留言上投入多少时间。但是，如果你决定要留言，就要留得好，尽量提高对方回复你的概率。

让客户忍不住给你打电话

我不情愿地听过许多销售人员的语音留言,其中有 3 种类型尤其让我抓狂:

❋ 不留下联系方式的:这些留言会被自动删除。
❋ 冗长啰嗦的:这些没完没了的话,我听见就会按下删除键。
❋ 没说清楚联系信息的:如果联系信息讲得不清楚,我还得重听一遍,那么我只会马上删除,因为这完全是浪费时间。

所以,重点在这里:想让客户听完留言后回电,你就要给他们提供便利的条件。留言时请遵循以下 5 个步骤(图 14.2)。持之以恒,你就能让回电率翻一番。

1. 表明你的身份。开门见山地告诉对方你和你公司的名字。这样能让你听起来像专业人士。

2. 报两次电话号码。如果潜在客户不知道或没听清你的电话号码,他们就不会给你回电。所以表明身份后你要报两次电话,注意语速要放慢。在你表明身份后对方可能就不想再听了,因为根据自身情况,他们会推断你接下来要说什么。

3. 告诉对方你的来电原因。潜在客户最烦的就是不真诚表明来意的销售。所以,在讲清楚身份和电话号码后,你就得说:"打给您是想"或者"我打给您的目的是",这是在告诉他们你想要什么。真诚地说出自己的目的是尊重对方的表现,也会让别人觉得你很专业。

4. 给他们一个回电的理由。如果你有对方感兴趣的东西,他们就会给你回电。好奇心有很强的驱动力，如果你有相关的知识、深刻洞见、特别信息、全新或改良过的产品或针对某个问题的有效解决方案等，在留言里告诉你的客户。他们想要知道更多的细节，在好奇心的驱使下就会给你回电。

5. 再重复两次你的姓名和电话号码。挂电话前，再放慢语气清楚地重复两次你的姓名和电话号码。记住，每次都要这样做。

图 14.2　语音留言五步走流程

额外提示：语音留言的时长不要超过 30 秒。有了这一限制，你就能强迫自己做到清晰、简洁、专业。

"里克，你好。我是 Sales Gravy 的杰布·布朗特。我的电话号码是 1-888-360-2249，是 1-888-360-2249。我看到您下载了有关陌生电访的在线文章，打给您就是想详细了解您的当前状况和您下载这份资料的原因。我还有关于语音留言和电访的资料，或许您会感兴趣。我提议我们这周聚一聚。请通过这个号码回电，1-888-360-2249，最后重复一遍，是 1-888-360-2249。"

我知道，在一段语音留言中重复 4 遍电话号码会让你觉得很傻。但记住，你的目标是让客户可以更快地回电，而不是让你自己更舒服。

如果他们本来就打算回电，就无须为了记下号码把留言听完，只需要听最前面的就好。如果你的内容非常吸引人，听完之后他们也不必重播留言，便可直接回电，因为你在最后又重复了两次。总而言之，为对方提供便利能提高接到回电的概率。

别挑时间，尽早吃下"癞蛤蟆"

有关电访的问题我被问得最多的就是：

"杰布，什么时间最适合打给客户？客户会不会在某些时段更愿意接听我的电话？是不是在早上联系客户要比下班时间更好？还是说每周都有特别适合电访客户的日子？"

问完这些之后，他们期待着我给出神秘答案，助他们打开通往乌托邦的大门。那里的客户从来不会拒接电话，总是很爽朗，很欢迎推销。

问这些问题的销售人员来自各行各业，代表各个层级。他们基于这些原因提出这种问题：

※ 他们真的想挑个好时间去电访客户。

※ 他们遇到了挫折，在寻找发泄途径。在这种情况下，我回答了他们也听不进去。

※ 他们是在给自己找借口，在逃避电访客户。

挑个好时间，这真是个完美的借口。以下就是一些不愿意用电话开发客户的销售以"挑个好时间"为开端衍生出来的一大堆借口：

※ "周一大家都在准备一周的工作，我不能打过去，否则肯定会打扰到他们。"

- "周五大家都在为周末做准备，可能会提早下班，我也不能打过去。"
- "上午大家都在准备一天的工作，我不能打过去，他们肯定不会接。"
- "午饭前大家都在准备吃饭，我不能打过去，否则会影响他们用餐。"
- "午饭后我也不能打过去，因为大家刚刚回到办公室，都在看电子邮件。"
- "下午客户可能离开办公室去开会了，我不能打过去。"
- "快下班时我也不能打过去，因为大家都准备回家了。"
- "没关系，我明天挑个客户更有可能接听的好时候打过去。"

事实上，销售会把电访一天天地往后拖，直至销售渠道完全枯竭。然后，在绝望之中的他们就来向我索求所谓的最好电访时间，妄想这能解决一切问题。

挑时间电访客户的销售就好比挑时间出手的投资者。后者的投资回报率远远赶不上采取定期定额（dollar-cost-averaging）策略的投资者。这个道理也适用于销售界。遵照日程表，每天规律地开发客户的销售，通常比尝试挑时间开发客户的同行更成功。因为从统计学的角度看，不论是投资还是销售，胜利的天平总会倾向每天都付出努力的那些人。

诚然，不少研究数据表明，在一天或一周中确有某些时段尤其适合电访客户。如果你有心，肯定能找到林林总总的观点、文章和研究报告。在网上随便一搜，就能看到数百篇分析最佳电访时间的文章。有认为是每周三的午饭时间的，有认为是上午 10 点 12 分的，还有认为是每周五下午的……为了论证这些结论，文章里往往还会列举大量理由，有些不无道理，有些则废话连篇、自相矛盾。

但这些文章大都毫无意义。比如，Insight Squared①通过研究发现周二的上午 10 点到下午 4 点间是一周中的最佳电访时间。可笑的是，根据他们的结论，最佳电访时段的回电率只比最差电访时段的回电率高出 1.3%。

大多数分析最佳电访时间的文章不过是无用的噪声，充其量只能为不想用电话开发客户的销售提供借口，让他们把电访客户这件事一天天地往后推。

所以，别再挑时间了！把电访客户当成每天工作第一件需要完成的事吧！

法国哲学家尼古拉斯·尚福（Nicholas Chamfort）建议："人们应该一大早就吞下一只癞蛤蟆，这样你当天就不会碰上更恶心的事情。"博恩·崔西（Brain Tracy）在自己的《吃掉那只青蛙》（*Eat That Frog*）一书中表示，"蛤蟆"就是当天最困难、最重要、对未来和当下可造成最大积极影响的工作。

而电话开发客户就是销售最重要的工作，它对销售人员的销售渠道、职业前程和收入产生了最大的积极影响。但电访客户又常会带来挫败感，像一只浑身疙瘩的癞蛤蟆，十分恶心，让人不适。

崔西在书中写到，如果你无论如何都要吃掉蛤蟆，盯着它看多久都无济于事。开发客户也是同样的道理，你再怎么想、再怎么推、再怎么挑好时间，也不会让事情变得简单轻松。

癞蛤蟆放着越久，只会越让你恶心。于是你开始跟自己讨价还价，承诺明天会吃两只蛤蟆。然而这种办法从来都不会奏效。一旦你开始拖延，就永远跟不上进度。一拖再拖之后，越来越多的任务和问题接踵而至，你连燃眉之急都解不了，遑论开发客户。

---

① Insight Squared 是一家旨在为中小企业提供业务情报服务的公司。它可以帮助企业进行数据驱动决策，以增加销售和生产力。——译者注

人在一天刚开始时精力最充沛，也最自信，而且潜在客户一大早要处理的事情也比较少，开发阻力自然较小。在这时电访，你获得肯定答复的概率也会更高。所以你得向自己许下承诺：把每天工作的前两个小时定为电访时段，并自觉遵守。

不想成为平庸之辈，就要硬着头皮吃掉这只蛤蟆。

第15章
让客户走心地对待你

没有什么比被客户拒绝,更让销售人员感到伤心的了。客户的拒绝,无异于一盆冷水,总能把销售们的热情给浇灭。可是有经验的销售是不会让客户泼出冷水的,抑或是他们有能力接住冷水。自如地应对来自客户的下意识反应、敷衍和拒绝,是对每个销售的基本要求。

每个人都是在脸上挨了一拳后才想到反击。

——迈克·泰森

不少人表示自己害怕的事莫过于公开演讲。但在我看来，如果让大家在发表公开演讲和用电话开发客户之间选一个，选前者的人肯定远远超过选后者的人。

客户的拒绝，最能浇灭销售的热情。

对数以百万计的销售人员而言，拿起电话打给客户就是他们的噩梦。可悲的是，不愿用电话开发客户极大地制约了自身的业务能力。这导致他们被解雇，甚至陷入濒临破产的窘况。

开发客户，尤其是用电话开发客户，总能唤醒我们内心深处的恐惧。《脆弱的力量》（*Power of Vulnerability*）的作者布琳·布朗（Brene Brown）认为，在面对不确定性、风险（如被客户拒绝的风险）和在暴露自身情感时，我们都充满恐惧、变得脆弱。

很多销售人员在开发客户的过程中无法掌控局面，这种失控的感觉让他们感到身心不适。这就直接导致了他们讨厌开发客户。

当遇到客户的下意识反应、敷衍或质疑时，你会觉得自己被拒绝了。这感觉就像腹部挨了一记重拳：大脑一片空白，说话也结结巴巴。马上，你失去了对局面的控制，顿时感到非常尴尬。缺乏控制感，是一种非常糟糕的体验，会削弱人的斗志。

这就是问题的症结所在，这是销售和客户开发工作中最考验你的时刻。良好的沟通技巧和冷静的心态能让你妥善应对各种 RBO（reflex responses, brush-offs, objections）反应，并将它们转化为肯定答复，进而让你抢到人人垂涎的高价值客户、谈下回报最大的生意。

我编写此章的目的有 2 个：

※ 提供一个该如何应对客户异议的行动框架，增加你成功开发客户的概率。熟练运用此框架，你就能从容不迫地处理客户的各种反应。
※ 教你如何处理客户的拒绝，以及在 RBO 反应出现后如何迅速夺回谈话的控制权。

这些技巧主要用于电访和当面开发，但也适用于电子邮件和社交媒体等其他客户开发渠道。

拒绝你，不是在针对你

刚进入销售界时，我就不断地参加销售培训、阅读和参与研讨会，因为我非常渴求学习新知识。我参加过所有顶尖销售的演讲，也在定期提供销售培训的公司工作过。

销售培训专员在教人们如何应对客户的异议和拒绝时，总在不断重复各种令人感到尴尬的陈词滥调（至少会让我觉得尴尬）。直到今天，我依然从各路"培训专家"口中听到以下3个观点：

※ "如果你想要在销售界脱颖而出，那你就得学会看淡客户的拒绝。"
※ "他们并不是在拒绝你，只是不赞同你的提议。"
※ "客户拒绝你，并不是在针对你。"

"客户拒绝你，并不是在针对你。"这是我最喜欢的观点。

让我们先站在你的角度看问题：为了成为专业的销售，你付出了非常多的努力；你非常讨厌失败，所以工作时非常认真；你的收入、经济安全和生活水平直接取决于你能否顺利开发出更多的客户，并最终敲定交易；为了开发客户，你干劲十足，倾注了热血、眼泪和汗水，只求能达成目标。

在这种情况下，你认定：客户拒绝你就等同于针对你。这可以理解，如果客户的拒绝真能像水过鸭背①一般无法给你带来任何感觉，那你可能是个异类。

让我们先明确一个前提：被拒绝的感受是真实存在的。当潜在客户对你说"不"时，你的大脑无法分辨对方是在拒绝你的提议还是在拒绝你本人。因为对于你的大脑来说，这两者根本没有区别。

在此前的章节我们已得知：杏仁体会触发"战斗还是逃跑"的机制，引发生理反应，让我们感到恐惧。这种生理和神经化学反应来源于我们内心深处的控制欲，以及对得到他人认可的渴望。正因如此，他人的拒绝才会深深刺痛我们。

销售训练专员总会说："要学会看淡意客户对你的拒绝。"这种一

---

① 水过鸭背（like water off a duck's back），像鸭背抖落水滴一样。鸭毛有油质，不会吸水；鸭子只要抖抖身体，附在羽毛上的水就会一点不留了。这句话是比喻销售人员对客户的拒绝毫无感觉。——译者注

笔带过的陈词滥调要比承认被拒绝之痛的真实性简单得多，而且还不用教别人该如何应对客户的拒绝。你们真能在打个响指后就瞬间忘掉拒绝，像什么事都没发生过一样吗？反正我是做不到！

但就算被拒绝，我对客户开发的狂热程度丝毫不减。我依然会十分投入地进行客户开发，就像那是我最爱干的事。我会一如既往地敢于随时拜访、电访客户。但当别人对我说"不"时，我依然会觉得自己被拒绝了。

为何我能办到？因为我建立了一个模型，帮助我管控负面情绪，保证客户提出异议之后我的情绪稳定，不至于让自己完全败下阵来。

客户应对销售人员的套路

要想管控好因客户拒绝而产生的负面情绪，首先要深刻理解在你打搅客户后，他们一般会做什么。

无意地回复

在某次旅行途中，我突然发现自己把 iPod 的挂绳落在家里了。下榻的酒店附近就有一家办公用品专卖店，于是我准备进去买一条。

进入商店之后，一名态度很好的青年男子前来接待，问我："您需要什么？"

我回答道："我就看看。"

走了两步我突然意识到：我确实需要他帮我找一条挂绳。所以我走回去，让他把我带到挂绳的货架旁。这为我省下了不少时间。

但我为什么一开始会那样回应店员，而不把事实告诉他呢？因为那是种不由自主的反应。类似的话我说过数百遍，成了一种销售人员找上门时买家的习惯性回复。

※ "我们不感兴趣。"
※ "我们目前跟你的竞争对手合作得非常愉快。"
※ "我们都买好了。"
※ "我很忙。"
※ "我正在开会。"
※ "我急着要出去了。"

这些都是客户被销售打扰时的惯性回答。你的潜在客户不经大脑就说出了这种话,所以这些回复不见得是真的。他们也不是有意识要欺骗你,只是习惯使用这些话语来应对销售人员。

习惯性敷衍

敷衍就是为了避免引发矛盾。

※ "晚些时候再打给我吧。"
※ "一个月后再来找我吧。"
※ "你何不直接发些资料过来。"(要数这句泛用性最强)

客户给出敷衍的回应,是想礼貌地让你走开。为了避免双方产生矛盾,让你有台阶下,客户会说:"晚些时候再打给我。"他们知道大部分销售人员都能接受这种假话中所蕴含的拒绝,然后识趣地走开。因为销售人员也不想和客户发生言语冲突,而且敷衍性的回复比直接拒绝要委婉。

为何潜在客户会故意或下意识地说谎?赛斯·高汀[①](Seth Godin)

---
① 赛斯·高汀(Seth Godin),世界营销大师,曾创办世界最早的在线营销公司,担任过雅虎特许营销副总裁,是《快公司》杂志专栏作家,代表作有畅销书《紫牛》《部落》等。——译者注

的答案是最让我信服的解释之一。他解释道，潜在客户之所会撒谎，是因为销售人员让他们这么做；还因为"他们（客户）害怕"。在不断与销售人员接触的过程中，客户们发现如果自己实话实说，销售会继续追问他们，这让他们觉得被冒犯。

相比之下，说谎要简单得多，可轻松避免潜在冲突。所以说，潜在客户当然不会说实话。

提出异议

异议指的是（客户）更坦诚、更有逻辑地反驳销售提出的要求。

客户提出异议时往往会带着理由：

※ "我们现在确实没必要会面，因为我们刚和你的同行签了一份新合约。"
※ "我们正忙着落实一个大项目，现在没空管别的。"
※ "下周我无法与你会谈，因为我要去拉斯维加斯参加国际消费电子展。"
※ "我很愿意跟你谈，不过我们的预算已经定好了，想必你也不愿意浪费时间。"

以上这些理由比较少见，可一旦遇上，你就有机会转变他们的看法，照样与对方定下会谈时间。你也可以转而搜集对方信息，为下次的接触做好准备。

磨刀不误砍柴工，销售不打无准备的仗

事先做好应对准备，是遇到RBO后夺回控制权的重要前提。然而

普通销售人员的做法恰恰相反：电访客户之前，他们不会提前计划好如何应对 RBO 回复，而是在遇上之后即兴发挥，把每个 RBO 回复当成独立事件处理。

但大多数 RBO 回复都并非独一无二，因为客户说"不"的方式是有限的。一般来说，RBO 回复有以下几种形式：

※ 不感兴趣。
※ 没有预算。
※ 很忙。
※ 发资料过来就好。
※ 有太多事要处理，实在忙不过来。
※ 随便看看而已（因集客式营销主动找上门的客户）。

客户实际的回复可能与上述语言不会完全一致。比如，对方可能不会说"不感兴趣"，而是说"我们与你的竞争对手合作已久，我们对他们提供的服务十分满意。"虽然语句不同，但要表达的意思都一样，即"不感兴趣"。所以你不必逐字对照，当理解了对方回复的实质内容后，就知道是哪一 RBO 类型。

想要熟练掌握有效应对 RBO 回复的技巧，你只需明确有哪些 RBO 类型，然后按照三步走流程，编出简单有力、可重复、可脱口而出的应对台词。请注意，这些台词必须朗朗上口，这样才能让你的声调和语速给人以流利、自信、真实、专业之感。另外，台词一定要做到烂熟于心。

熟悉台词后，你就不用担心自己该说什么，进而可以专注于客户本身、掌握主导权。其实 RBO 回复无非就那几种，事先准备好应对台词，你会发现这对顺利开发客户真的非常有帮助。

如果你想感受台词的力量，不妨观察政客人物在提词器的帮助下发表的演讲，和他们脱稿回答记者有什么区别。在台上借助提词器演讲的政治人物很容易让人信服，但在脱稿演讲的情况下，他们也会结结巴巴。就像销售人员在应对客户RBO回复时也会结巴一样。

所以说，提前编好的讲稿，就是发表公开演讲的公众人物让人叹服的原因。

但大部分销售人员会担心："如果我对着手稿念台词，别人会觉得我缺乏真诚。"这种担忧不无道理。如果演员和政治人物给人以念台词之感，那么影视节目就丧失了娱乐性，演讲也无法说服听众。

这恰恰是演员、政治人物和顶尖专业销售需要进行排练的原因。他们会一遍又一遍地练习，直到能够自然、真实、流畅地念出台词。在情绪紧张的情况下，预先准备好的台词能让你有效掌控自己要表达的信息。但要做到这一点，你必须重视练习。

我不会保证——说好应对台词是一件非常简单的事情，因为事实并非如此。编写和练习RBO应对台词要求你深思熟虑。但好消息是，你本身就有应对RBO的习惯性回答。你要做的第一步就是分析自己的回答习惯，将有效的内容提炼出来写在手稿上，方便以后不假思索地重复使用。

在准备、练习和完善台词的过程中，你可以让录音机、教练或好朋友来扮演客户。这样会使练习的效果更好。传统的销售培训专员会教销售人员如何"驳倒客户提出的异议。"是的，"驳倒异议"。这个短语在销售界很常见，它的意思是让客户意识到他们说错话了。

然而，这可不是一个好对策。

"驳倒"往往带有击败、战胜的意思。许多的销售人员为转变客户的心意、在争论中胜出，会不惜与对方争吵。这就是为什么客户会对我们说谎。就如赛斯·高汀所说，客户们知道，如果他们直接说不，很可能会引发一场唇枪舌剑，让自己陷入一场本可以避免的纠纷中。而许多影视作品和讽刺漫画中刻画的销售丑陋形象更是进一步加深了客户的这一认知。

尝试战胜对方是不会奏效的。因为人类的行为习惯表明：你无法通过争论让对方相信自己错了；你越给对方施压，对方就越反抗你。

就算你通过争论，赢得了客户的认同。但真实的情况是对方宽容大度，而不是因为你在争论中胜出，对方才心悦诚服地跟你谈生意。

尝试在语言上战胜客户，只会让双方都心生恼怒和挫败感。客户觉得自己遇上了野蛮无理的销售，会用更加刺耳的语言表示拒绝。

奇袭三招式：改变客户立场

事实上，还有一种更好的方法。当客户说"不"时，你可以用出其不意的回复，打乱对方阵脚，而不是尝试去驳倒、战胜对方。这种奇袭能动摇对方的立场，让客户偏向你这边，而非对你敬而远之。

奇袭之所以能奏效，是因为当人们遇到没有预料到的事物时，会被吸引，会驻足停留。这就是一个推与拉的过程。

柔道，实际上是个日本词汇。在日语中，柔道又作"柔之道"，即"温柔或柔顺的方式"，是一种强调"灵活即力量"的武术。同样地，在电访中遇到RBO回复时，你也需要在不发生缠斗、不造成伤害的前提下，以灵活的方式达成自己的目的。

在电访途中遇到RBO回复，往往是一瞬间的事。你需要快速反应，这可以说是超快节奏的语言柔道。

要做到反应迅速，你需要先构建一个程序，用以管控情绪、拉近与对方的心理距离，进而让他们更有可能给出肯定答复。应对RBO的三个重要招式就是：站稳、打乱对方阵脚和提出要求（图15.1）。

图 15.1　应对 RBO 的三招式

站　稳

现在我们已经知道，在被拒绝后，人会不自觉地触发生理和情绪反应（战斗还是逃跑）。但是，你可以管控自己因被拒绝而产生的负面情绪。秘诀就是给你的大脑新皮层[①]一个做出反应的机会。

假设你在林中远足时突然偶遇一头巨熊，这时身体产生的生理反应和你被客户拒绝时是一样的。你那经过了300万年进化而来的杏仁体，会马上触发一系列求生本能。但问题在于，杏仁体无法区别饥饿的巨熊和说不的客户。

但你的大脑新皮层可以区别上述二者。不过，永远是"战斗还是逃跑"的机制先被触发后才有逻辑思考。所以你需要给自己争取一毫秒的时间，让大脑觉醒过来，告诉杏仁体威胁并不存在。

站稳，就是让你在大脑新皮层的逻辑脑反应过来之前稳住阵脚，控制住喷薄欲出的负面情绪。这样，你就能重整姿态，夺回对话的控制权。

---
① 新皮层就是我们所知道的高级脑或理性脑，它几乎将左右脑半球全部囊括在内，还包括了一些皮层下的神经元组群。——译者注

打乱对方的阵脚

你的潜在客户有自己的思维定式,他们肯定觉得你跟普通销售一样,会在被拒绝之后立刻反驳。

化 RBO 为同意的秘诀就是给出客户意料之外的陈述或问题,让他们陷入迷惑。这样能巧妙地回避言语冲突,拉近潜在客户与你的距离。例如:

- 如果他们说对你的竞争对手提供的服务已十分满意,你不要在他们一停下就急着说你能让他们更满意,而是要说:"真酷。如果您很满意,就应该一直使用他们的产品!"像这种应答就完全出乎他们的意料。
- 如果他们表示非常忙碌,你不要急着说只要一小会儿就好,而是要说:"我就猜到您会很忙。"这种出其不意的理解,同样能扰乱他们的思考逻辑。
- 如果他们说:"你发些资料过来就好,"你就说:"请具体告诉我您想要哪些资料。"这样就戳穿他们的假话,使得他们不得不与你继续交谈。
- 如果他们说:"我不感兴趣,"你就说:"嗯,也是。大多数人都不感兴趣。"他们绝对不会料到你居然会表示同意。

还有,不要用销售界的行话,这也很重要。因为这么做会正中对方下怀。记住,千万别说"我懂得"。因为有太多的销售人员为方便传达更多的推销信息或盲目地赢取客户的好感,喜欢用这句。而它听起来毫不真诚。

如果你也这么说,客户就会觉得你跟他们是一路人。其实你根本不懂他们的需求,不在乎、也根本没有在听他们在说什么。

提出要求

化解了客户的否定性回复后,如果你不提出自己的要求,那依旧不能达成目的。你还需要自信地要求对方提供你想要的信息,或提议与对方在具体时间进行会面。不要有任何犹豫或尴尬的停顿,讲完前两步的台词后,要立刻提出要求。

对方丢出第二个 RBO 作为回应的概率大约有 50%,但这个会更接近事实。所以你要做好再回答一次的准备,但千万不要跟对方吵起来,这不值得。如果你化解了两个 RBO 都还不能改变对方的立场,那你大可优雅地放手,继续向电访时段的目标冲刺,改天再尝试开发该客户。

切记:不要将过程过度复杂化。你只需预先准备、练习好应对台词,确保能脱口而出,听起来自信、真实即可。简单的内容易于记住和重复。以下是 3 个例子:

1. 客户:"杰布,你看,我现在很忙。"

"南希,我知道,所以我才打给你。"

(站稳:这句简单的回答即可争取到让我的大脑新皮层反应过来的时间,控制住情绪。我表示同意,完全打乱了她的阵脚。因为她觉得我肯定会让她放下手头上的工作,听我说一堆枯燥的推销词。)

"我就知道你很忙,所以我这不是想跟你约个方便的时间好好谈嘛。"

(打乱对方阵脚:我再次承认她现在确实很忙,并打乱了她的思维模式,让她考虑自己什么时候方便。)

"那我们下周三下午 3 点出来聚聚如何?"

(提问:这其实就是语气肯定、直截了当、给出了时间具体的提问。)

2. 客户："我们没兴趣。"

"您知道吗，很多客户在我第一次打给他们的时候都这样说。"（站稳阶段）

"在知道我能给他们节约多少成本之前，他们都没有兴趣。虽然我不清楚我提供的服务是否非常适合您和您的公司。但正因如此，我们才要见个面简单谈谈不是吗？"（打乱对方阵脚阶段）

"见面时间就定在这周五下午 2 点如何？"（提问阶段）

3. 客户："我们和当前的提供商合作得十分愉快。"

"棒极了！"（站稳阶段）

"遇上性价比高的提供商，你们就千万别换了。我打过来只是想多了解一些贵公司的信息。就算现在您不方便跟我做生意，我至少可以给您一个真实的报价，这样您也能知道那些家伙有没有坑您。"（打乱对方阵脚阶段）

"不如，我这周二上午 11 点 30 分到贵公司跟你们聊聊？"（提问阶段）

另外，我也非常欢迎诸位在 FanaticalProspecting.com 上的 RBO 论坛分享你的台词和小贴士。

马死了，请下马

有时，无论你的通话技巧多么娴熟，电话那头的人还是粗暴地挂掉电话，或狠狠地当着你的面把门摔上。有些人会怒吼道："别再打过来了！"或"就算太阳从西边出来我也不会买你们的产品！"

因为你打扰到别人了，所以他们可能会用粗暴而又尖锐的语言针对你、中伤你。

有时你的运气不好，可能在你打过去之前，对方的老板刚把季度报告摔在会议桌上，并斥其为没前途的败犬。于是你刚好成了对方发泄挫败感的人肉出气筒。有时对方或许只是个可悲的失败者罢了，他们就喜欢骂人。

遇到上面这些情况，你往往会深陷其中无法自拔。你放下电话后，开始向同事抱怨，然后在脑海中一遍又一遍地播放对方的污言秽语。你既尴尬又羞愤，很想还以颜色。这些负面情绪完全占据了你的大脑，把你当天的喜悦一扫而空。你还会在自己的 CRM 上写上备注，提醒自己永远别再给那家公司打电话。

你对这些事情念念不忘，开始自己在头脑中编造故事。想象他们挂了你的电话、把门摔在你脸上或用粗鲁的语言回复了你的邮件之后在做什么，你仿佛看到他们把不满发泄在你身上之后得意洋洋或余怒未消的样子。

但事实上，对方早把你给忘了。他们在挂断电话之后马上就投入到别的事情中，根本没空惦记你。你的来电只是他们当天工作中微不足道、毫无意义的一件小事。相信我，绝对是这样的。我遇到过这样的客户：周二我打过去，他把我劈头盖脸地骂了一通；周三我又打过去，他的语气竟变得像在跟铁哥们儿聊天，完全忘了我的上一通电话。这就是为什么别人让我"永远别打过来"时，我偏要再打。

这就像教小孩子骑马：就算孩子从马背上摔下来了，我们还是会让他再上去，不管他是害怕得瑟瑟发抖，还是哭闹着说再也不会骑那匹马。无论孩子有什么反应，骑术指导师都会强迫孩子回到马背上。因为他们知道，如果不这么做孩子就会在脑海中一遍又一遍地重复播放自己摔下来的情景。

请记住：直面恐惧才能练就勇气，沉浸在恐惧之中，你永远勇敢不起来。

在遇到喜欢出口伤人的客户后，销售人员确实很难找回工作状态，他们想的、说的都是自己被中伤这件事。他们幻想着自己再次拨通对方的电话，畅爽地大骂一句："滚蛋吧！"有时，他们甚至会一直沉浸在愤怒、恐惧和焦虑之中。

我每天都会碰到对糟糕的电访经历念念不忘的销售人员。在销售新手训练营中，受训的销售人员最爱讲的就是："有次，有个客户对我说……"要知道，他们打过数千通推销电话，但唯独要对出了乱子的那通电话耿耿于怀。

他们把宝贵的时间、精力和情感用来鞭打马的尸体。其实，不论他们多么用力地抽打、脚踹，马的尸体也不会向前挪半步。这些人永远活在过去，无法专注于别的事情，而且还会尝试邀请别人和他们一起鞭尸。这么做与自毁无异，因为死去的马不会跨栏，只会腐烂。

我的建议很简单：马死了，请下马。

当然，掩埋糟糕的回忆说着简单做起来难。难道我们应该不予还击，转过另一边脸让别人再甩我们一巴掌？你确实应该尝试再次电访那些态度恶劣的客户。除此之外，能让你继续前进的真正秘诀是：深刻地理解到自己的愤怒是一股能量，如果你能驾驭好这股能量，就能将负面情绪转化为你前进的驱动力。

事实上，从古至今，不少的成功人士都能够将挫败感、委屈和愤怒化为坚定不移的决心。

在被人伤害之后，你的肾上腺素会急剧飙升，全身都散发出一种渴望复仇的气息。这时，请好好利用这股馈赠的能量，鞭策自己做得更好。因为终极的报仇，就是过人的成就。几十年来，我一直在用一个非常简易的方法让自己走出被中伤后的自怜、愤恨。在我的桌子后面的墙上，贴着一张年代久远的指示卡。它跟了我25年，已经泛黄，上面的字也有些模糊，上面只有3个字："下一个。"

第16章
突破"看门人"的防线

如果要问销售们最讨厌谁,那可能就是在通往接触客户之路上的"拦路虎"。他们有可能是保安、前台、秘书、接待员……我们把这类人统称为"看门人"。"不行""不能""不知道"……是"看门人"的口头禅,想要绕过他们与客户搭上话,销售人员可要用点技巧。

我是钥匙大师……你是看门人吗?

——《捉鬼敢死队》

上周,我的新助手问我,如果有销售给自己打电话该如何处理。从她的表情就能看出,与销售打交道并不轻松。

这不禁让我想到了职业销售人员和看门人的拉锯战。前者竭尽所能想要走进大门,后者的职责则是把前者打发走。

由于有太多人抢占我的时间,我也雇了个看门人(我的助手)。她的工作就是捍卫我的时间。如果不雇她,我永远也完成不了工作目标。不幸的是,这使得她经常要将销售拒之门外。

销售们都非常讨厌看门人。许多被拒之门外的销售会耍一些花招,可这不但无法助他们走进大门,还会让别人觉得他们自作聪明,让双方都不愉快。这就是为什么许多看门人(如我的助手),宁愿去拔牙也不想和销售打交道。

在实际的客户开发过程中,你肯定会经常碰上看门人。那么,有什么方法能绕过看门人吗?我知道你期待着我说"有",很遗憾,并没有。

只可智取,不能硬来

也许你会很失望。很遗憾,我并不能提供让你每次都成功绕开看门人的锦囊妙计。但能助你在与看门人的拉锯战中占据优势的策略还是有的。

想要运用这些策略,你首先要明白看门人也是人,就跟你一样。你要学会站在他们的角度看问题。他们也有情感、动机,也会忧虑,也有工作和老板。想要成功进入他们看守的大门,你就要综合利用个人魅力和交际智慧。

1.讨喜。你要给看门人留下积极、欢快的印象,还要做到彬彬有礼、尊重对方。粗鲁、莽撞的销售员肯定会被拒之门外。记住,要给对方留下好印象。

2.请你说"请"。迈克·布鲁克斯(Mike Brooks)在其著作《20% 精英销售的秘密》(*The Real Screts of the Top 20 Percent*)中表示,顺利攻克看门人唯一有用的办法就是说两次敬辞。例如,看门人接听电话后你可以说:"您好,我是 Sales Gravy 公司的杰布·布朗特。请您转接给迈克·布鲁克斯好吗?拜托了。"

3.表明身份。告诉看门人你是谁,说出你和你公司的全名。完整地披露自己的信息,能让他相信你是值得接触的人。

4.建立关系。看门人也喜欢跟对自己感兴趣的人打交道。如果你要经常接触某一个看门人,记得顺便问问他们最近在忙什么。学会观察他们的情绪，一有不对劲就多问一句。你也不妨了解下他们的兴趣、关心一下他们的家人。比起他们的雇主，我甚至更熟悉一些经常接触的看门人。每当我打电话给他们，和他们交谈的时间往往比和客户的还要久。正是因为我跟他们关系非常好，他们才会特别关照我，把我与他们雇主的会谈安排在日程表上。

5. **别耍花招**。永远不要搞些低劣的鬼把戏，你这么做只会自毁声誉，落得被拉入黑名单的下场。就算等到赤道下雪，你也未必能通过对方把守的大门。老老实实告诉看门人你是谁、为什么打过去，再向他们提出你的要求。第一次你可能会失败。但看门人会因为你的诚实记住你，这将有助于你下一次的尝试。

6. **寻求帮助**。有时，真切、诚恳地请求帮助，足以让看门人站在你这边。言语中辅之以少少的幽默感也会取得意想不到的效果。曾经在一单业务中，我苦苦地尝试与对方定下会谈时间。接待员抬头望了我一眼，说："你又来了啊，我不是跟你说了我们没兴趣了吗？！"我微微一笑，说道："我只是顺道来见见你，因为我今天被拒绝的次数还没达标呢。"她听到之后笑了。幽默感给我带来了谈话机会，我得以向对方解释我确实需要帮助。于是她致电了部门经理，我得到了我想要的会谈。

7. **另辟蹊径**。有时，绕开看门人，就是最好的策略。你可以通过以下方法达到此目的：

※ 早点或晚点打过去。一般来说，雇主会比看门人更早来到办公室，也会比看门人晚下班。

※ 利用社交媒体。没几个雇主会把社交账号都交到看门人手上。所以你可以在领英上直接向客户发送私信，这样就绕过了看门人。

※ 与客户直接面谈。参加你的潜在客户会出席的会议、社交活动、俱乐部、慈善活动、展销会等，在这些没有看门人的场合与客户直接会面。

※ 发送电子邮件。电子邮件也能让你绕过看门人。毕竟，也没有几个看门人掌管着自己老板的邮箱。

※ 寄送手写信件。在数字化时代中，用平邮方式寄送复古的手写信件反而能顺利地送到客户手上。如果你的信件内容真诚、有趣、又有价值（注意，宣传小册子可没有什么价值），或是在信中祝贺客户取得了某项成就，得到回复的概率就很大。

接待员或一些低阶的阻拦者通常不愿意把相关决策者的姓名和联系方式告诉你。如果遇上这种情况，又无法通过网络和社交渠道找到决策者，那不妨试试接下来的几种方法。

尝试拨打分机号

埃文陷入了困境。他需要联系一名高层级的买家，对方所在的公司是全美最大的连锁商店之一。他目前面临两大挑战：首先，他不知道买家的姓名（除主机号码之外，没有任何联系信息）；其次，他不知道对方的职位。

他只知道，买方公司肯定有做相关决策的人。

他尝试在电话上问出决策人到底是谁，但一无所获。无论他问多少次、请求的语气有多诚恳，都无果而终。对方的回答要么是"抱歉，先生，这些信息我们不能透露"，要么是"先生，您不说出名字，我无法帮您转接"。

虽然遇到挫折，但埃文没有放弃。他致电了该公司的实体商铺，利用搜索引擎不断搜索资料，将细微的信息拼凑在一起。现在，他已确定了对方可能带有的几种头衔，但依旧不知道对方的姓名。

绝望之中，埃文开始随机地拨打该公司的分机号码。在这个过程中，他取得了突破。采购部里一位态度友好的员工帮了他一把，对他说：

"IT部门有个叫杰克的家伙，他主管这些事。"

"谢谢告知。您知道他姓什么、分机号是多少吗？"

"抱歉我不知道，但我可以把你转接到接待员那里，或许他们能帮到你。"

埃文心里一沉，他从没有在接待员那里得到过有效的帮助。

接待员接听后，埃文说："嗨，采购部的戴尔·琼斯（Dale Jones）让我找IT部门的杰克，但却转接到您这了。能否麻烦您把我的电话转接给杰克？"

接待员说："唔……我们这没有叫杰克的，你是不是想找扎克·弗里德曼（Zack Freedman）？"

终于知道名字了！

"抱歉，是的，我就是想找扎克。"

"行，没问题，我现在把你转过去。"

"等等，我怕待会断线了，您能否告诉我扎克的分机号是多少？"

"当然可以，号码是5642。我现在转了。"

埃文接通了扎克的语音信箱。他最终还是攻下了这座桥头堡，与对方建立了业务关系，对方也成了他最大的客户。

向同行求助，他懂你

两周前我遇到一个潜在的大客户公司，他们的需求与我的业务契合度极高。因为我了解到，对方准备招聘30名新的销售代表。那他们肯定需要有人帮助他们聘请和培训这些销售新人。

在我看来，这事当然要由Sales Gravy公司来干。不幸的是，我不知道该公司的决策者是谁。我拨打了对方写在公司主页上的号码，听完冗长的自动语音后，一位粗鲁无礼的看门人接了电话，并拒绝向我透露任何信息。

我转而在领英和谷歌上搜索，但一无所获。我再次打通电话，尝试向接待员说清楚情况，但我还没说完，她就挂掉了电话。我再次回到原点。

对付这种有一定难度的潜在客户，我自有妙招。

我再次拨通了主机号。自动语音提示道："转接销售部门，请按1。"

我按了1。

嘟嘟两声之后，电话那头传来了热情洋溢的声音。

"您好，我是迈克，请问能帮您什么？"

我回答道："迈克，你好，我叫杰布·布朗特。打过来是想找到你公司里负责销售培训事宜的人。我实在拿你们的接待员没办法。我想，同为销售，你能否帮我一把？"

迈克立刻同情地说："我明白你的感受。我一个上午都在不断碰壁呢。你要找的人叫琼，她是销售部门的副部长。你最好打她手机。你等等，我马上把她的号码报给你。"

我和迈克又闲扯了几分钟，交流了各自的遭遇，我们都非常同情和理解对方。他还向我透露了一些内部消息，告诉我他们扩大团队规模的原因和他们需要的销售角色。还向我抱怨他们公司之前没有销售培训。

和迈克聊完后，我立刻打给琼，她很快接听了电话。迈克提供的信息让我能够有针对性地与对方互动。通话15分钟后，我与琼定下了会谈时间。她还承诺，他们的董事也会出席。后来，会议进展得很顺利，我得以向对方正式提议。

向别的销售求助，这是个非常好用的方法。每当我苦于寻找高质量客户公司的决策人时，这个方法总能派上用场。此方法屡试不爽的原因有以下几点：

※ 大多数销售机构都会接听来电，所以你有很大概率能和人交流，而不是被转接到语音信箱。
※ 销售人员往往知道公司内部人员的职位和联系方式。
※ 销售人员知道在开发过程中碰壁的感受，所以会站在你的角度看问题，并向你提供帮助。

如果你能做到诚恳、谦逊、幽默，客户公司的销售人员还会向你提供一些非常有价值而单靠你自己又非常难以获取的信息。

一点鸡汤：坚持是最好的敲门砖

你会无可避免地碰上找不到决策者和联系人的情况。对方越是人人争抢的高价值客户，就越有可能被看门人守着，你就越有可能在开发过程中碰壁。对方要么不接电话、不回邮件，要么不通过领英的好友申请。这种情况会让你抓狂，你会觉得自己有力无处使。

乍看之下，你永远不可能取得这些人的联系方式。但只要你坚持不懈地付出努力，总会得到自己想要的。

记住，在销售中，坚持不懈的人总会赢。

第17章
补上亲自拜访的短板

比起打电话、发邮件等方法，亲自拜访客户的成本似乎更高。因为在同样的时间内，销售人员能接触到的客户数量相对较少。可是，有些性质特殊的客户不得不亲自拜访。为了让客户开发的效能最大化，销售人员在亲自拜访过程中不得不"多留几个心眼"。

共处一室的当面交谈无可替代。

——彼得·古伯[1]

凯利是一名销售统一租赁服务的销售代表，他主要负责向新客户推销产品。他是公司里的最佳销售。他所在公司有两年一度的总统俱乐部之旅，过去6年的3次宝贵机会全部由他夺得。凯利总是在锲而不舍地开发客户，在公司的销售经理看来，这是他的过人之处。

凯利每天会花1小时用电话开发客户，他的目标是在这1小时内与2～3个客户定下会谈时间。完成此目标后，他会在CRM中额外找出3～5个在刚刚定下的会谈地点附近的潜在客户，然后运用CRM自带的地图工具找出两点之间的最佳路径。

最后，凯利会简单地研究这几名潜在客户的背景。他还会运用社交媒体（一般是领英）搜集相关地点的信息，下载该区域内重要人物

---

[1] 彼得·古伯（Peter Guber）拥有在众多行业的成功从业经历，曾任哥伦比亚电影公司全球制片副总裁、卡萨布兰卡唱片和电影公司联合董事长、宝丽金电影公司CEO，目前是曼德勒娱乐集团的董事长兼CEO。由他担任制片人或执行制片人的卖座影片包括《蝙蝠侠》《雨人》《午夜快车》《紫色姊妹花》《雾锁危情》等。——译者注

的照片。这些研究工作有助于他在会谈前后更好地当面开发客户。

由于凯利大部分的潜在客户都位于工业园区或大型写字楼，他还会使用一种名为"T字形拜访"的技巧。当他前往预定会谈地点时，他会在地图上画一个T字，计划向左、右、后3个方向寻找更多没有被纳入CRM的公司，随后亲自登门拜访这些公司。

由于他事先规划好了在会谈地点附近的开发路径，又使用了T字型拜访技巧。他既能与高价值客户进行预定的会谈，又能顺便进行10～20次的当面客户开发。这完全做到了将一天的开发效益最大化。据他所言，在当面开发中，他能与30%的客户定下会谈时间。大部分情况下，他都能搜集到更新CRM所需的信息。每隔1～2周，他还会遇上可以马上进入正式销售会谈的决策者。

凯利告诉我，他会通过亲自拜访的方式，来攻克在电话上阻挠他的看门人。他说："我经常通过当面请求的方式，成功说服看门人给我一次机会。因为当面交流没那么容易被拒绝。"

"亲自拜访客户最有效"是个伪命题

当面开发客户是平衡开发法的一部分，很适合主要在住宅区开发客户的外部销售员。如果你所在的公司主要销售交易型或半复杂产品，你又负责本地区域，销售对象主要是安保不那么严密的中小型企业，那也非常适合用此方法开发客户。我也会亲自拜访大型工厂或大公司，但主要是从门卫或接待员处了解决策者和竞争者的信息。

在所有的开发渠道中，当面开发的效率最低。开车去登门拜访客户非常耗时间。如果你的方法不正确，或是随机挑选开发对象（太多外部销售员都这么做），大多是一无所获。至于这些开发对象的"冷热程度"，他们往往非常"冷"（也就是对销售人员的熟悉程度非常低）。

这就是为什么当面开发客户只能用来补充其他销售渠道。除了T字形拜访和拜访你在所负责的片区偶然遇到的公司，其他亲自拜访都应该事先计划好。但是，有太多的外部销售把亲自拜访当成他们主要甚至是唯一的客户开发渠道。这主要归咎于以下几个原因：

※ 以为在自己负责的片区内漫无目的地行驶也算是在工作。
※ 销售经理认为奔波在外面的销售才是好销售。
※ 但最常见的原因：销售害怕甚至无法电访客户，并把"我更擅长当面开发客户"当做借口。

每当有销售人员以"我更擅长当面开发客户"为借口时，我都会问："不管是在寒冬还是盛夏，你每天能坚持亲自接触多少位客户？"老实的人一般会说，他们能够坚持接触 10 ~ 20 位客户。

我又问："如果我给你一张名单，上面还是那些客户，你在一小时之内能打出多少通电话？"（真实的答案是 25 ~ 50 通电话。）

一番问答后，我便有理由向他们讲述如何运用平衡开发法，让每天的销售效益最大化。

轴幅式客户开发

凯茜是一名主要向餐厅推销日常用品的销售人员。由于她所在的细分市场竞争十分激烈，想要再次争取到买家的订单，就必须与他们保持良好的关系。她被要求每天必须亲自拜访 4 名当前客户。

与之前提到的凯利一样，凯茜在和当前客户约定了会谈的时间和地点后，会利用 CRM 在会谈地点附近找 3 ~ 5 个潜在客户，这样她每天就能接触 15 ~ 20 个潜在客户，给自己带来新生意。她还会利用自己在街区的人际网络，说服新客户给她一次尝试的机会。

凯茜解释道："在采用这种轴幅式的方法当面开发客户之前，我只会开着车在所负责的片区内毫无目的地游荡。那时，我浪费了许多时间寻找所谓的'完美'潜在客户，而不是在片区内系统地展开工作。"

以下是轴幅式当面开发客户的5个步骤：

1. 确认要在约定好的会谈地点附近当面开发哪些客户。
2. 利用CRM，生成位于会谈地点附近的潜在客户名单。查询邮政编码通常是最佳途径。
3. 选定3～5名位于会谈地点附近的潜在客户。
4. 制定出最高效的路径，把开车时间减到最短。
5. 利用在会谈开始前或结束后的时间当面开发客户，未达成预设目标前切勿停下。

高效能的当面开发方法能助你在每日的销售工作中获得尽可能多的机会。

没把握好机会，到嘴的鸭子也能飞

请提前计划好要当面开发的潜在客户，如果可能的话，再为每一个潜在客户做有针对性的准备。当面开发客户有以下重要目标：

※ 明确客户质量：大多数情况下，在面对面的交谈中对方提供的信息会比电话上的多。你不仅要利用面谈搜集更全面的消息，还要考量自己提供的产品或服务能否帮到他们。同时，你还应该注意搜集和竞争者有关的信息。

※ 约定会谈：如果对方是优质客户，但无法立刻进行销售会谈，那就与他们约定会谈的地点、时间，下次再来。

※ 进行销售会谈：如果你去的时机合适，买方的决策者在场、他们也确有需要你解决的问题或需求。那么，当面的客户开发就变成了时机成熟的销售拜访。遇到这种情况，你就准备好敲定交易吧。

※ 提高对方对你的熟悉程度：亲自拜访买方的看门人和决策者，有助于提高下一次对方和你谈生意的概率。

※ 取得尽可能高的效益：当面开发客户最大的好处在于，你可以增加接触的客户数量，使当天的效益最大化。

※ 熟悉你所负责的片区：当面开发客户能帮助你了解、熟悉，进而掌控你所负责的销售片区。

当面开发客户的首要目标就是搜集信息、明确客户质量。你要利用搜集的信息更新客户数据库，为电话、邮件和社交媒体进行客户开发的时段制定客户名单。当面开发客户最理想的情况是你可以立刻与对方展开正式的销售会谈，甚至直接敲定交易。

去年夏天，我陪着卡尔（一名商务服务销售代表）驾车外出开发客户。当时，我们刚完成了一个预定的会谈，他决定继续拜访4家在同一工业园区的公司（T字形拜访）。

对前两家公司的拜访进行得很顺利。我们搜集了些基本信息，找出了对方的决策者和我们的竞争者。拜访第三家公司时，在听到了卡尔和接待员的谈话后，他们的老板随即走出办公室，与我们交谈。他解释道，自己刚与卡尔的竞争者结束了合作，很高兴我们主动找上门来。他把我们请进办公室，问了一堆问题后，想让卡尔马上做个产品展示。

这位老板的购买欲非常强，就差把"拿下我吧"四个大字写在脸上。

遗憾的是，卡尔没有做好相关准备——他没有带上做产品展示所需的材料。气氛变得尴尬起来，卡尔不得不向对方提议，自己马上去取材料，再进行演示。但那位老板表示，他准备外出开会，之后会去度假。他说："过一两个星期再联系我吧，到时我们再把这事定了。"

两个星期后，卡尔再打给他，对方表示已与其他公司签订了新合约。

卡尔的教训告诉我们，拜访客户前一定要做好充分的准备。我知道，你会觉得每次见客户都带上一大堆资料非常累人，况且直接敲定交易的概率非常低。但你不能忘了，有些客户只有一次接触机会，为把握这难得的机会，你就得做好万全准备。

请遵循以下5个步骤进行高效能的当面客户开发（图17.1）：

1.研究。对约定好的当面开发对象，你需要提前做好研究工作，包括了解对方公司的业务历史、浏览他们的网站、搜寻他们最近的新闻发布稿件、查看你的CRM是否有相关备注……对于T字形拜访对象，你可以在手机上快速浏览他们公司的网页和社交网站主页。这有利于你在与对方互动的过程中提出更好的问题，提高开发质量。

2.采用多元化的开发方法。每个客户都有其独特性，在当面开发的过程中你可以称赞他们最近取得的成就、问与他们的业务有关的问题、向他们阐述你的独特见解、帮助他们解决具体问题。利用自己和附近客户的交情，也是你迅速获取对方信任的好办法。比如，你可以这样说："我们和隔壁那家公司已经合作5年了，对方对我们的服务非常满意。"

3.明确每次当面开发的目标。在步入目标客户的公司大门之前，请先明确自己要达成的目标。

4. 准备好敲定交易。一定要准备好！确保自己带上了敲定交易所需的一切资料，包括销售内容表、订单表格、合同和产品展示材料等。

5. 跟进工作——把拜访过程、备注和后续的跟进任务写入你的 CRM。如果没有完成 CRM 的录入工作，当面开发客户就毫无益处。在一天结束前一定要抽时间完成这些任务。如果时间允许，最好在每次拜访结束后立刻录入。

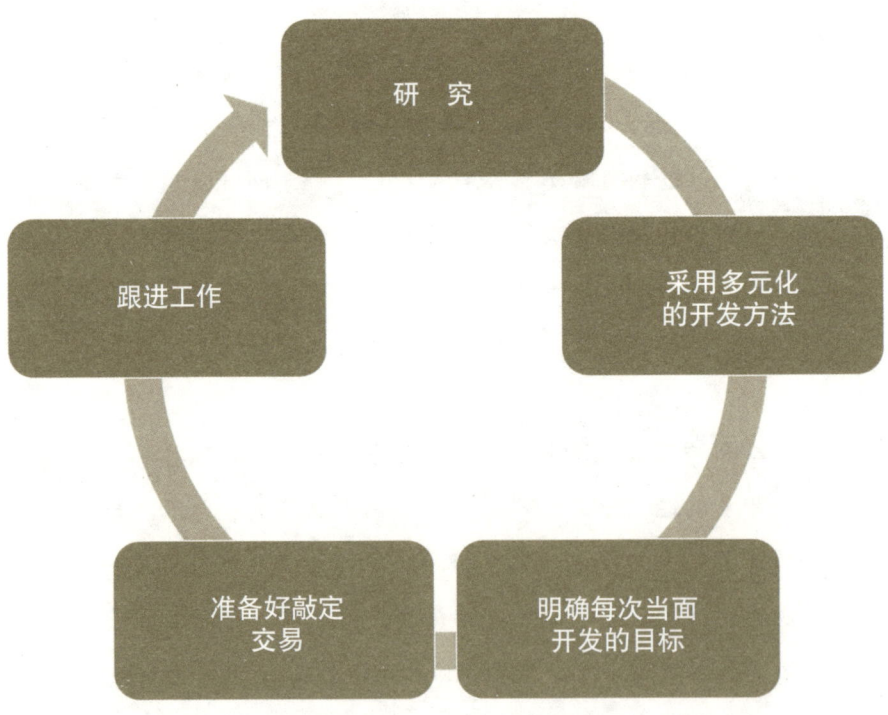

图 17.1 规划有效的当面客户开发

亲自拜访客户的五个步骤

此步骤近似于电访客户的 5 个程序（图 17.2）。两者的区别是：在当面客户开发中，买卖双方交流的节奏会慢一些，对话内容也会更丰富。

1. **自信有加地接触客户**。在之前的章节中我已经提到，自信与热情在客户开发工作中起着无可替代的重要作用。客户都爱接纳自信热情的销售。进行当面客户开发时，你更是要表现出绝对的自信。此外，你还要表现得很有勇气。我发现，下面两个方法能让人变得有自信：

❈ 暗示自己会成功。把自己当成目标客户公司的 CEO，昂首阔步地走进他们的大门。直截了当地提出你的问题，让他们告诉你决策者在哪。

❈ 提前想好要问的问题。根据已知信息，你需要向对方询问他们存在的具体问题、决策者是谁、你有哪些竞争对手。提前想好问题能增加你的底气，提升你的自信心。

2. **表明自己的身份，告诉对方你为何而来**。不要拐弯抹角、不要犹豫不决，也不要尝试用拙劣的手段骗过看门人。记住自己专业人士的身份，要干脆直接地表达你的到访目的。以下是几个范例：

❈ "你好，我叫杰布·布朗特，来自 XYZ 公司。隔壁的 ABC 公司也是我的客户，他们推荐我进来跟你们的老板玛丽女士谈一谈"。

※ "你好，我叫杰布·布朗特，来自XYZ公司。这个工业园区里有好些公司都是我的客户，我今天来是为了了解更多贵公司的信息和当前状况，看看我们是否有合作机会。"

※ "你好，我叫杰布·布朗特，来自XYZ公司。我来就是想跟杰里·理查德聊两句。我一直有关注贵公司的Facebook主页，发现你们正在做常规促销。我司可提供一款工具，提高贵公司的促销效果，为你们带来更多客户。我想问杰里几个简单的问题，看看我们的工具是否真的适合你们。"

3. 通过提问搜集信息。搜集信息固然重要，但不要让买卖双方的对话变成你单方面的提问。人类80%的交流都与视觉有关，当面开发客户如此有效就是因为你能动用所有的感官与客户进行互动。如果你能够提出开放性问题，对方也会更加愿意开口回答，让对话变得更有意义。

切记，不能推销。一旦你开始滔滔不绝地讲述你自己、你的公司、你的产品或服务，对方很快就会感到厌烦。

销售训练师凯利·罗伯逊（Kelly Robertson）曾说："很多销售人员仍然认为，销售就是讲一大堆有关他们公司、他们销售的产品或服务的言辞。但真正有能力的销售人员都明白，销售的关键就是向潜在客户提出正确的问题，证明自己能帮助对方解决问题。这意味着你要调动所有的注意力去考量对方的情况，就算你有长篇大论的机会，也要忍住。"

如果有人在你面前滔滔不绝地讲一堆关于自己的事，你会有何感受？你肯定会觉得十分无聊。一旦你开始推销，在对方眼中你与他们接触过的平庸销售没有任何区别。除了你上门拜访的目的，他们并不想知道其他事情。这就是为什么你开始推销后,他们就会产生抵触情绪,急着把你扫出门外。

如果你让对方讲述关于他们的事情,并兴致盎然、全神贯注地侧耳倾听。他们就会投入到交谈之中,向你透露信息、想办法满足你的需求。

每次当面接触客户前,都要提醒自己做一个倾听者,而不是推销者。切记,要放慢对话节奏、提出问题、听清对方的回答,再提出相关的跟进问题。

4. 提出你的要求。你不提出要求,想要的永远得不到。你需要在接触对方之前就清楚自己的需求,也要准备好应对其他状况,这样你才能在合适的时机拿下客户。

5. 转化客户提出的异议。由于你的拜访会打扰到对方,所以肯定会碰上RBO反应。你需要提前准备好应对台词。请参考前一章,运用相关技巧,让有异议的客户乖乖进入销售会谈。

图 17.2　亲自开发客户的五个步骤

眼观四路,嘴问八方

麦迪逊刚结束了和罗伯茨医生的会谈,我跟她回到车上,驶离了会谈地点。在车上,我问他:"我们为何不顺道接触一下其他医生呢?"

像麦迪逊这种会谈结束后便匆匆离去的销售代表，总会错失一个又一个准顾客。他们总会有各种站不住脚的理由，如没时间、要吃午饭等。真正的原因是他们没有这个意识。他们目光短浅，对就在隔壁的潜在客户视而不见。

如果你也和麦迪逊一样，那你就需要带上"销售护目镜"，以发现身边的机遇。通过自我训练，狂热开发者能够敏锐地捕捉到潜藏的机遇。为找到机遇，他们会搜寻每一个角落、拨开每一丛灌木、打开每一扇窗户。

在每次会谈前后，你要仔细观察四周的情况，鞭策自己搜集更多信息。在你所负责的片区行驶时，你也要时刻留意周围的情况。要知道，新客户和新机遇无处不在。当发现了一间新商铺、一栋新建筑、一家新公司时，你最好下车前去拜访。你可以从运货的卡车或门店的招牌上得知商铺的名字。如果碰上正在停车的运货司机，你就要待他们下车后上前提问。你会惊讶地发现他们居然可以提供如此多有用的信息，如商铺业务、决策者身份、购买窗口期和你的竞争对手等。

如果你实在没时间走访商铺或与送货司机聊天，就让你的智能手机发挥作用吧！当你在驾车途中看到告示牌或火车上出现潜在客户公司的名称，立刻用手机拍下告示牌、新商铺或带有商标的火车。当你回到办公室后，照着搜集而来的信息做一些研究工作，制定出潜在客户名单，然后再外出甄别客户质量或与对方约定会谈。

就我个人而言，每一次遇到穿制服或衣服上有商标的人，我都会主动与他们交谈。我会询问他们所在公司的情况。几乎每个人都能告诉我他们公司的决策者是谁，有时我甚至能知道我的竞争对手在他们那里遭受了什么样的挫折。我还会在排队、搭乘火车、坐公交车和飞机时，与旁边的人交谈。在过去的5年里，我从这些对话中获得了超过50万美元的业务收益。

遇到使用的产品或服务与你的销售内容吻合的个人或商铺，一定要格外留意。我会经常留意加油站墙上的商务名片和餐馆里的布告栏。当看到与我销售业务匹配的卡片时，我就拨打上面的号码，甄别客户质量，然后把相关信息录入我的数据库。

近期，在与一个销售移动设备的团队共事期间，我与他们有过这样的互动：

我说："有谁注意到了人们在公众场合经常使用手机？请举手。"

人人都举手了。

"有谁曾见过别人使用样式老旧、屏幕带裂痕的手机？请举手。"

人人都举手了。

"觉得这些人也不想被手机屏幕割伤手指，并且有意购买新设备或新屏幕的，请举手。"

大部分人都举手了。

"你们中有多少人主动向这些人递出商务名片，让对方知道你可以给对方提供新手机？"

没一个人举手。

我想说明的是，有想法但无行动，你还是无法获得成功。请主动点，停下车，走向他们，递出你的商务名片，向他们提问。当然，对方可能会感到恼怒，但大部分人都会与你交流，给你一个机会。

第18章
重新打磨你的邮件发送技能

随着网络技术的发展，我们可以在很多平台上收发带有"邮件"性质的信息。销售人员更是利用这一便利，让自己的推销信息无孔不入地进入客户的网络领地。可这些"邮件"往往只有一个待遇——被无视。当销售人员掌握了正确的邮件发送技能，待遇肯定会不一样。

你的电子邮箱就像拉斯维加斯的美式转轮盘①你一遍又一遍地查看收件箱，时不时能尝到些小甜头。这让你欣喜若狂，时刻惦记着再来查看。

——道格拉斯·鲁什科夫

  电子邮件是强有力的客户开发渠道之一，也是平衡开发法的一部分。如果使用得当，电子邮件能比社交媒体创造更多与客户接触的机会，得到更多客户的回应。这不是多一星半点，而是多 10～20 倍。

  电子邮件有一个很明显的优势：你可以在非黄金时段提前编辑，然后设置好发送时间，让邮件在最佳销售时间发出。这能让你开发更多潜在客户，提高工作效率。

  如今，出现了一些能测算邮件回复率的邮箱工具。这些工具可以帮助你修改、完善客户开发邮件，让你的电子邮件更具效力。当修改出令你满意的、适用于某一类别客户或细分市场的内容后，你就能花最小的精力编辑和发送邮件。

  现在，创建邮箱地址数据库也非常简单。除了直接向客户索要，

---

①美式转轮盘是赌场一种常见的赌博工具。——译者注

你还可以通过谷歌、社交媒体、各种应用软件和浏览器插件获取目标客户的电子邮箱地址。如果以上方法都不管用,你还可以运用 Toofr 和"开发王牌"(Prospect Ace)等工具,有根据地猜测对方的邮箱地址。

随着社交网站的兴起,电子邮箱已经不是电子邮件的主要收发阵地了。领英的站内信(Inmail)、Facebook 的信息和 Twitter 上直接发送的消息等,都被用以补充或替代传统的电子邮件。在社交网站上用私信联系客户的好处包括:绕开看门人,避免被直接归为垃圾邮件,让你在不知道对方邮箱地址的情况下与对方取得联系。

但各种形式的电子邮件也有这样的坏处:如果你发送的邮件充斥着垃圾推销内容,对方会马上把你拉入黑名单,或直接删除好友。总之,如果使用不当,电子邮件只会激怒你的潜在客户,让对方觉得你是个蠢货。这完全是在浪费你自己的时间。

我编写此章的目的是为诸位提供一整套的工具、技巧和公式,能立刻让你的客户开发邮件变得更有效力,给你带来更好的开发结果。

由于篇幅有限,我无法尽述所有技巧,此章节只介绍电子邮件开发技巧的其中一部分。但你可以在 FanaticalProspecting.com 上找到完整的列表,里面包含了众多有关电子邮件开发的教程、电子书、播客、视频、资源、工具和文章。

用邮件撬动客户的三大法则

你必须经过深思熟虑,才能编写出有效力的开发邮件,向客户传达正确的信息。如果使用得当,电子邮件就会成为强大的开发利器,让你的销售渠道时刻充满着优质客户。

要想在用电子邮件开发客户的过程中做到高效力,就要从遵循三大基本法则开始(图 18.1)。

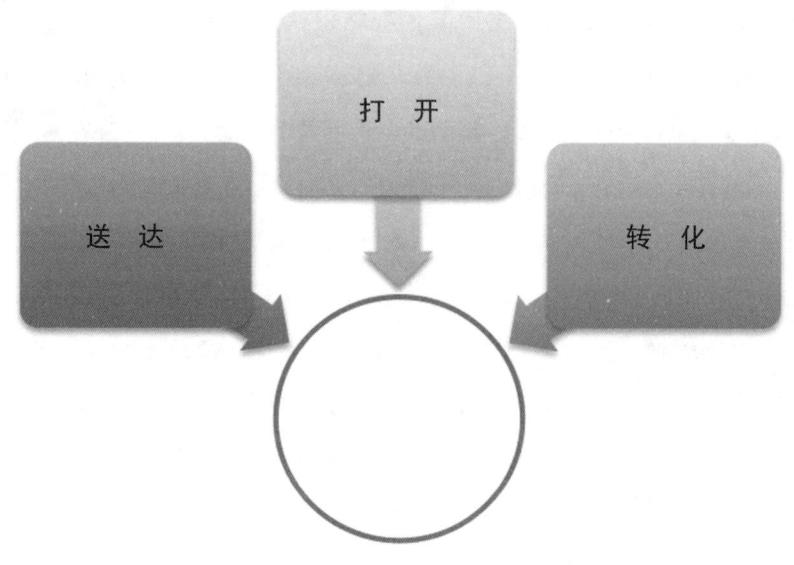

图 18.1 电子邮件开发三大法则

法则一：一定要送到

换句话说，你发出的邮件必须最终躺在目标客户的主收件箱里。大部分公司和个人的邮箱都有筛选机制，会将收到的"垃圾"邮件送入垃圾信箱。如果多次出现的垃圾邮件来自同一服务器或 IP 地址，对方甚至会把整段 IP 地址拉入黑名单。

虽然目前没有办法能保证你发出的邮件永远不会被归类为垃圾邮件，但你可以在发送邮件时绕过一些雷区，来增加邮件送达的概率。以下列举并不完整，但最重要的策略已包含在内。

不要群发。一次只发送一封电子邮件，这能让你发出的邮件绕过 90% 的垃圾邮件筛选机制。想迅速被客户拉黑、让别人觉得你是傻子，就赶紧用你个人的邮箱群发邮件吧。

不要附加图片。由于黑客和垃圾邮件的发送人会把恶意程序植入图片中，许多邮箱会把带有图片的邮件归为垃圾邮件，或在图片没有通过安全监测的情况下采取屏蔽措施。因此，你最好不要在邮件中附加图片。

不要附加链接。链接是黑客最喜欢使用的基础工具。收件人打开链接后，黑客的恶意程序就会马上进入电脑、窃取信息。因此，人们对电子邮件中的链接都十分警惕。所以，如果你不想发出的邮件被归类为垃圾邮件，最好就不要附加链接。如果你实在要加，请做到以下几点。

(1)避免在正文中植入链接。

(2)提供完整的链接信息，提高地址透明度。

(3)确保包括邮件签名在内，整封邮件只有一个链接。

不要带有附件。附件已经成为黑客用恶意软件攻击网站、渗透电脑和网络的惯用工具。因此，如果你发送的邮件带有附件，很可能也会被归类为垃圾邮件。

不要使用推销性质的词句。邮件内的词句和表达方式也能触发垃圾邮件的筛选机制。大写的标题、过多的感叹号、"免费""大甩卖"等字眼都将轻而易举地使你发出的邮件躺在垃圾箱。

凯文·高（Kevin Gao）是Comm100[①]公司的创始人和CEO，他列举了200个会触发垃圾邮件筛选机制的词汇，

[①] Comm100是一家客户沟通软件供应商，为电子商务企业提供邮件营销平台、在线客服系统以及电商解决方案，帮助企业提高转化率和客户忠诚度，并最终提高企业业绩。——译者注

其中有"超级""免费提供""现金""不要删除""心动不如行动""提高销量""100%保证"和"省钱"等。总之，在写邮件时你必须字斟句酌。尤其在标题中，要慎用词句和符号。你不妨想想滥发垃圾邮件的人会使用什么词句，然后反其道而行之。

不要向同一家公司中的许多人发送邮件。筛选机制总会把群发的邮件直接送入垃圾箱。所以，如果你真的要用邮件联系一家公司内的多个人，那就分时间把邮件发出吧。

不要向同一个人多次发送邮件。这看起来似乎有悖常理。但在使用电子邮件开发客户时，坚持不一定是好事。你的坚持，会让收件人觉得你十分烦人，就会把你发出的邮件当成垃圾邮件。有时，对方还不止是把你个人拉黑。在某些系统中，你甚至会被整个企业拉入黑名单。

避免邮件被退回的情况发生。如果你向不存在的邮箱地址发送了多封电子邮件，你的邮件也会被定性为垃圾邮件。如果你发送的邮件被退回，一般是因为你尝试联系的人已经离职或邮箱地址有误。你可以把这种情况当成是搜集更准确信息的契机。

首先，你要更新CRM中该联系人的信息，删除有问题的邮箱地址，防止自己下次再给此邮箱发送邮件。其次，查明该联系人是否还在原公司工作。如果不是，就在CRM中删除该联系人，或更新其资料，写入对方的新公司。最后，通过电访或在线调查的方式找到对方准确的邮箱地址。

在敏感行业中要格外小心。在联系金融机构、国防承包商和医疗保健机构的人员时，要格外小心。黑客总在尝试渗透这些机构，窃取其信息。在用电子邮件联系这些机构时，我建议不要添加任何链接、图片或附件，只使用文字交流。

法则二：用标题"引诱"客户读邮件

根据《哈佛商业评论》报道，一名普通的企业主管一天会收到200封以上的邮件。再加上他们在社交网站收到的私信、即时信息和在众包平台①上的聊天记录，各种消息和邮件根本看不完。

面对塞满了新邮件的邮箱，焦头烂额的潜在客户会采取你也会用的措施：先浏览、再确定优先次序。对方也和你一样，迅速决定哪些可以打开阅读、哪些即刻删、哪些稍后再说。

在这种情况下，你的邮件必须要鹤立鸡群、引人注目，才能让对方看到并打开。客户对你的熟悉程度，是影响你的邮件能否脱颖而出的因素之一。

假如你正在浏览收件箱，看到一封邮件来自你熟识的人，你会点开吗？肯定会！用邮件开发客户永远离不开熟悉度原则。客户对你个人、你的品牌或你的公司越熟悉，就越有可能会点开你发送的邮件。而发送电子邮件之前先利用电话或社交媒体接触客户，可以提高邮件被阅读的可能性。比如，你可以先致电对方，留下一段语音留言，随后在领英上向他们发出好友申请，最后再给他们发送一封电子邮件（或者反过来也可以）。你要把对该客户的坚持分配到3个不同渠道，"三管齐下"更能提高客户对你的熟悉程度。

通过多种渠道，有层次地提高客户对你的熟悉程度，是一种非常

---

① 众包平台是《连线》（Wired）杂志在2006年发明的一个专业术语，用来描述一种新的商业模式，即企业利用互联网发现创意或解决技术问题。——译者注

有效的客户开发方法。如果你留下了语音留言，对方就会听到你和你公司的名字。在你发送的邮件标题中，他们会再次看到你的名字和邮箱地址，进一步提高对你的熟悉程度。

如果你在社交媒体上添加了对方为好友，并点赞或转发了他们发布的内容，也可以增加对方点开并仔细阅读你邮件的概率，而不是扫一眼就算。

如果你能够在展销会或社交场合与对方接触并留下好印象，随后在领英上发送好友申请，接着再留下一段语音留言，最后再发送一封电子邮件，那对方阅读你邮件的概率将呈几何级数增长。

利用多渠道打开生意大门时，你要做到专注、有目标、有策略。另外，一些针对决策者和意见领袖的开发工作需要提前计划好。在执行过程中，你要确保自己不会让对方感到厌烦。

除了对方对你的熟悉程度，邮件的标题也是决定它是否会被打开的重要因素。很遗憾，大部分销售人员的邮件标题既没有水准也不引人注目。他们写的很多邮件标题仿佛在喊："删掉我吧！"

以下是销售人员在写邮件标题时最常见的3种错误：

标题过长。来自销售界的数据表明，简短的标题比冗长的标题更有效力。更长的标题意味着客户要花更多的时间去阅读。在决定邮件阅读次序的瞬间，这小小的缺陷足以让客户忽略你的邮件。

而且统计表明，有50%的电子邮件都是在移动设备上打开的，比如在手机上。由于手机屏幕大小有限，客户在浏览收件箱时只能看到长标题的一部分。不妨设身处地想想，如果你是客户是否会删掉这种长标题邮件呢？当标题字符数超过50个，邮件被阅读的概率会急剧下降。

解决办法：确保邮件标题简洁明了，仅限使用 3～6 个单词，或 40～50 个字符数（包括空格）。记住，少即是多（less is more）。

在标题里提问。几乎所有的主要研究都证明，在标题中提问就是在引诱对方删除邮件。虽然在某些情况下你确实需要在标题中提问。但在绝大多数情况下，你最好避免使用问号。

解决办法：用动词和指示性语句代替问题。比如"ABC 选择我们的 3 个原因"这种列举证明式的标题就非常吸引人；像"杰布·布朗说我们应该见一面"这种带有推荐人名字的也不错；"工业泵价格大跳水"这种陈述型标题也可以。

标题无关或无趣。让管理层人员看到这种标题，你的邮件只会马上被删除。要知道，你的竞争对手都在争相与价值最高的客户取得联系。这些管理层人员每天都会收到无数的会谈邀请，低劣、生硬的标题永远不会让你的邮件脱颖而出，也不会助你博得他们的关注。除了浪费对方的时间之外，你的邮件没有任何作用。

解决办法：让标题引起对方的情感共鸣。你可以在标题中赞扬他们最近取得的成就或你认为他们会引以为豪的事情。比如，"很喜欢你们的书！"就是一个直接、简洁，却又能迅速让对方点开你邮件的标题。

你也可以运用与对方境况有关、半开玩笑的语句博得客户的关注。在最近一次的电子邮件客户开发研讨会上，一名参会者分享了一封标题为"别让酒桶停下"的邮件，收件人是一位啤酒经销商。这个标题不仅与客户的业务有关，而且传达出了销售的信息，肯定能捕获收件人的眼球。

很多时候，我们总是专注于处理自己的事情。事实上，我们有95%的时间都在思考和自己有关的事情。在剩下5%的时间里，我们被某些人和事打扰着，例如一个聒噪的销售人员。

所以，为了能让邮件吸引到客户的目光，你必须拟定与客户个人有关的标题。这其实非常容易办到，你只需花点时间做好研究工作——浏览客户公司的网页、查看对方社交网站主页……

很遗憾，并不存在一个适用于所有情况的完美标题。这即是说，在某种情况下适用的标题可能不适用于另一种情况。对某个行业管用的建议放到你所在的行业和你的个人客户数据库中可能就行不通了。你只有在实践中不断摸索，才能找到拟定优秀标题的真正秘诀。

通过不断地实践、检测、修改，你的手上会生成一组"邮件标题大数据"。根据这组数据，你会发现什么样的标题更能够吸引客户阅读邮件。你还会发现在面对不同类型、不同职位、不同地理区域或面临不同业务问题的客户时该采用哪种类型的标题。

然而大多数销售人员总是在仓促之中草草拟定标题，然后把邮件发往有去无回的黑洞，最后还希望自己能幸运地得到回复。这就像蒙着眼睛射箭，你连靶心在哪儿都不知道，却希望能够百发百中。

现在有许多功能强大、收费低廉的工具，利用它们就能轻松测试邮件回复率。像Yesware、Tellwise、Tout和Signals等邮件客户开发工具，就能帮你自动发送邮件并提供其他智能服务。这些工具能让你清楚地知道，在你点击"发送"之后发生了什么。

通过这些工具提供的信息，你能了解到哪些词汇、短语最有可能提高邮件回复率，进而收窄标题的用词范围。有了这等"利器"，你还怕自己发出去的邮件仿佛石沉大海吗？

法则三：得到客户的回复

纯粹的垃圾邮件，就是没有任何相关信息作为铺垫、毫无针对性、内容高度重合、随机大量群发的邮件。垃圾邮件不会让你的客户开发工作取得任何效果。而优质的邮件必须花大量时间编写、修改，才能打造而成。

对于高级管理人员和高价值客户，你需要为他们量身制定独一无二的开发邮件，才更有可能拿下他们。只有付出大量努力、经过深思熟虑的电子邮件才能唤起客户的情感共鸣，让收件人行动起来。

这并不是说每封邮件你都要从头写起。你可以根据对方所在的行业、所属的细分市场、决策者所担任的职务，选择合适的邮件模板。为不同类别的收件人制定相应的邮件模板，可以让你在更短的时间内，用电子邮件接触更多的客户。

但想保证开发邮件的效力，仅有合适的模板还不够，你依然要做好客户的信息搜集工作，这样才能让对方在阅读过程中觉得邮件是特地为他编写的。

销售人员的时间本已非常珍贵、有限，打造优质的开发邮件又非常耗时。所以你必须保证自己发送的邮件"弹无虚发"。换句话说，你的开发邮件需要得到客户的回复，并带来你想要的结果，例如：

※ 一次会谈机会。
※ 可让你确认客户质量的信息。
※ 收件人把你介绍给决策者。
※ 收件人把你的邮件转发给其他管事人。
※ 文件下载权限、视频观看权限、线上研讨会的参会资格。

收件人没有采取行动，那你就白白浪费了时间和精力。这就解释了为何传达正确的信息如此重要。

优质邮件，始于计划

在开始编写开发邮件之前，你应该明确收件人、你要采用的方法、引起对方注意的技巧、唤起他们共鸣的邮件内容 (图 18.2)。准备好这 4 发"弹药"，你才能打赢邮件开发这场硬仗。

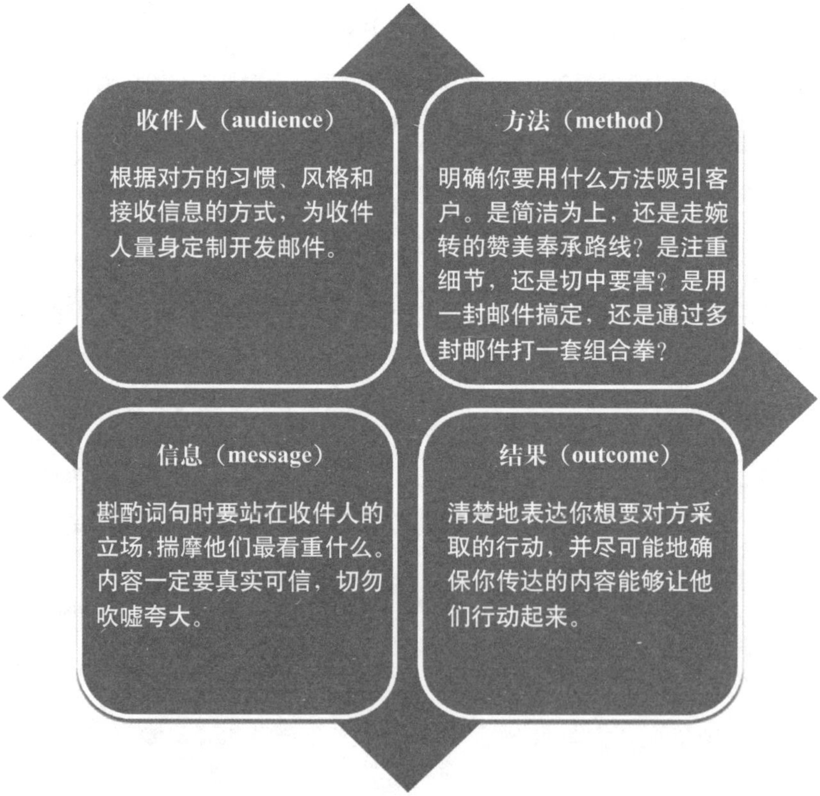

收件人（audience）
根据对方的习惯、风格和接收信息的方式，为收件人量身定制开发邮件。

方法（method）
明确你要用什么方法吸引客户。是简洁为上，还是走婉转的赞美奉承路线？是注重细节，还是切中要害？是用一封邮件搞定，还是通过多封邮件打一套组合拳？

信息（message）
斟酌词句时要站在收件人的立场，揣摩他们最看重什么。内容一定要真实可信，切勿吹嘘夸大。

结果（outcome）
清楚地表达你想要对方采取的行动，并尽可能地确保你传达的内容能够让他们行动起来。

图 18.2　收件人、方法、信息、结果

稍加留意你就会发现，很少有销售人员在使用邮件开发客户前会做好计划。这就是为什么大部分人的开发邮件都十分糟糕。在FanaticalProspecting.com所列的邮件开发耻辱柱（E-mail Hall of Shame）上，我们收录了大量的糟糕邮件，花一辈子你也未必看得完。

由于我是老板和决策者，每天都会有大量开发邮件挤进我的Twitter、办公邮箱、领英和Facebook信箱。有的邮件十分可笑。这些邮件不仅是笑话，还是发件人的耻辱，让他们的员工把这些邮件送达我收件箱的公司更应该感到羞愧。

我经常会收到一些驴唇不对马嘴，也让人啼笑皆非的开发邮件。上周竟然还有家大型销售培训公司的销售代表向我的领英站内箱发了封邮件，推销他们的销售培训。说实话，那位销售只要花20秒看看我的领英个人主页，就知道我也是做销售培训的。我可是他的竞争对手！他可知道，这么做给他销售的品牌带来了多大的负面影响？他卖的是销售培训，却表现出了最差劲的销售行为。

糟糕的邮件会毁掉一个品牌的价值、形象和公信力。竟有如此多的公司允许他们的销售人员散播这种"垃圾"邮件，这着实让我震惊不已。更糟糕的是，大部分销售机构都不会花时间教授他们的销售人员如何编写有效力的开发邮件。

糟糕的邮件具有以下特征：

※ 邮件内容多是令人费解的专业术语和毫无意义的推销词句。
※ 通篇宣传产品的特点。
※ 像啦啦队长般没完没了地吹嘘他们"神奇的"公司、产品或服务。
※ 打错了收件人的名字。
※ 长到让人头晕。谁会有耐心读完这些长篇大论？

具有以上特征的邮件，我会毫不犹豫地删除。

有时，我还是会收到让我驻足停留的高质量邮件。这些邮件条理清晰、内容与我息息相关，这足以引起我的共鸣，并驱使我回复。这种邮件的发件人，肯定事先做好了计划和信息搜集工作。

潜在客户不是机器，他们也是人。所以说，你要考虑收件人的感受。因此你编写的邮件不仅要真实可信、关注对方，还要在情感上唤起对方的共鸣。在写邮件时，你必须考虑以下问题：

※ 收件人扮演什么角色？
※ 你对他们的风格了解多少？
※ 他们是如何接收信息的？
※ 他们在何时接收信息？
※ 他们对你有多熟悉？

弄清楚这些问题，你就知道该用何种行文风格和结构才能唤起对方的共鸣。情感的共鸣非常重要，能推动客户做本来就有意去做的事。另外，无论是用一封邮件还是用多封邮件开发一名客户，你都要明确自己的策略。你应该结合自己与对方的情况，不断调整策略，使邮件的内容更有效力。一般而言，有以下几种策略：

※ 简洁明了。
※ 注重细节。
※ 直截了当。
※ 用一封邮件搞定。
※ 持续跟进客户。
※ 以培养客户或让对方采取行动为目的。

※ 采用跨平台的模板。

如果你不想与高价值客户失之交臂，就得提前制定好计划和策略。潜在客户都希望对方理解他们和他们面临的问题，所以你制定的内容一定要与他们所处的状况息息相关。要做到这一点，你只需要从收件人的角度思考以下问题：

※ 什么能够引起他们的注意力？
※ 什么对他们来说很重要？
※ 什么能驱使他们满足你的需求？

最重要的一点——清楚地表达自己的目的。如果你根本不知道自己的目的，那达成目的就无从谈起。如果你没有在邮件中清楚表明你的目的，对方肯定会迷惑不解。你的邮件也就无法把潜在客户转化为实际客户。

让邮件更具开发力的四大要素

在制订计划和策略后，你就要开始编写电子邮件了，请在编写过程中考虑以下要素（图 18.3）：

1. 吸引收件人的眼球：用引人注目的标题和首句获取对方的注意。
2. 引起共鸣：证明你对他们的境况感同身受，让对方觉得你值得信赖。
3. 桥接内容：把他们面临的问题和你提供的解决办法联

系起来,表明对方能从中获得什么好处。

4.提出要求:清楚、直接地表明你想让对方采取什么行动,别忘了给对方提供相应的便利

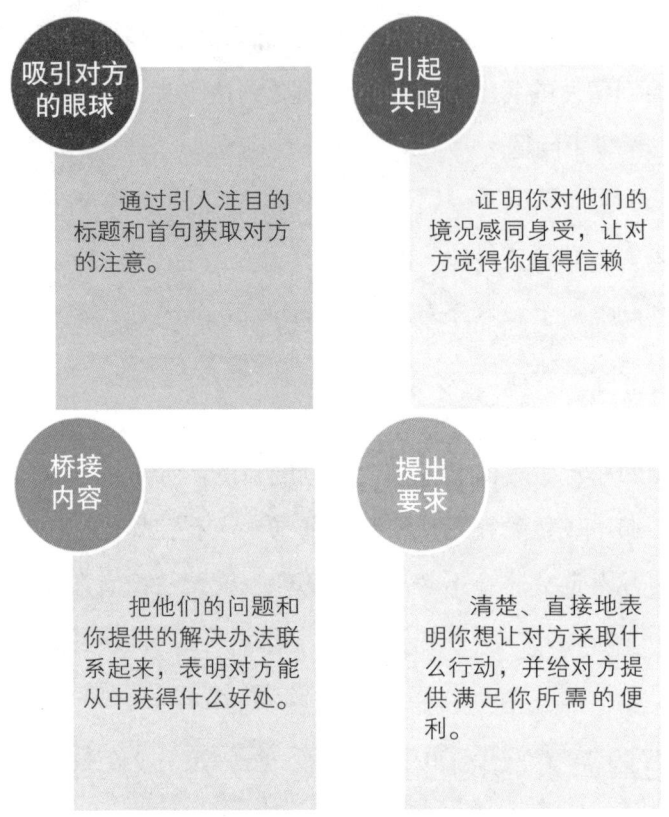

图18.3　高效力开发电邮的四大要素

以下这篇邮件的收件人是某银行COO(首席运营官),邮件内容考虑了上述的四个要素。

标题:COO——银行里最艰苦的职位

劳伦斯:

根据安永(Ernst & Young)最近的报道,COO是所有首

席职位中最艰苦的一个。与我有过交流的银行 COO 都表示，银行业的大环境正变得越来越复杂，他们的工作难度和压力上升到了前所未有的高度。

我和我的团队致力于帮助您这样的 COO 降低工作复杂程度、减轻压力、规避风险、高效分配资源，降低意外发生的概率并使增长与收益最大化。

虽然我不知道我们提供的方案是否适用于您的银行，但我们何不见面会谈一次，让我更多地了解您所面临的独特挑战呢？根据您提供的信息，我们再决定是否需要进入下一步也无妨。

您觉得下周四下午 3 点进行会谈如何？

戴夫·亚岱尔
高级客户主任
朱诺系统公司

现在，我们把这封邮件拆为 4 部分来分析。

吸引收件人的眼球

你大概只有 3 秒钟的时间来吸引对方的注意力。在这 3 秒内，你的标题必须驱使收件人点开邮件。而邮件的第一句话也必须吸引他们继续读下去。《销售磁铁》（*The Sales Magnet*）的作者肯德拉·李（Kendra Lee）把这称为"一瞥因素"。

潜在客户不是为了满足你的要求，而是为了改善他们的境况、受自己的兴趣驱使，才阅读你的邮件。因此，吸引他们注意力的最佳办法就是撰写与他们息息相关的标题和首句。

下面是一个名叫布兰登的销售人员发给我的邮件，其标题可以用十分糟糕来形容。

标题：云端软件

你好杰布：

我在领英上看了你的主页，想跟你见一面。

首先，标题上没有任何与我有关的信息。再者，俗套的"你好"让人厌烦。记住，永远不要在潜在客户名字前加"你好"或"亲爱的"等问候或称谓。因为除了销售人员之外没有人会在商务邮件中这么做。还有，你在领英上看了我的主页，然后呢？

最后，你说你"想"跟我见一面。讲的都是你的事，而不是我的。

还是看看范例邮件是怎么表达的吧：

标题：COO——银行最艰苦的职位

劳伦斯：

根据安永（Ernst & Young）最近的报道，COO是所有首席职位中最艰苦的一个。

这封邮件的收件人是银行COO，所以标题中提到了这一职位缩写，也提到了"银行"二字。标题的意思是COO的工作比其他银行职位的工作都要辛苦。这种标题就非常引人注目，因为它洞悉对方的情感。毕竟，谁都觉得自己的工作是全公司最辛苦的。

然后，这封邮件以非常直接的方式称呼了潜在客户，好像对方是自己的同事一样。

最后，开篇首句更是进一步吸引了收件人的注意力。邮件引用了安永公司——这种权威机构的表述。这句话站在对方的角度,证明了自己了解对方(认为COO是所有首席职位中最艰苦的),成功吸引了对方的注意力。

引起共鸣

能够引起对方的情感共鸣的邮件,才是高效力的邮件。原因很简单,因为情感是人们做决定的基础。在情感上与对方建立联系最简单的办法就是证明你了解面临的问题,并且能帮助他们解决问题。

先来看看布兰登是如何尝试与客户建立情感联系的:

> 我们可定制在网络、移动设备和台式电脑上的软件。无论您是想要更新过期的软件、打造全新软件,还是想让团队完成重要的工作指标,我都确信我们能帮上忙。

这有提到我的境况或我面临的问题吗?在这段他全在讲自己,说了一大堆和自己产品有关的话。对此,我的反应只会是:那又怎样?

相反,在我们的范例邮件中,戴夫成功地与对方建立了情感联系。当然,戴夫自己并不是COO,也从没当过COO,他说自己体会过劳伦斯的感受有虚伪之嫌。因此戴夫通过他与其他COO的关系来证明自己确实了解COO的感受。

> 与我有过交流的银行COO都表示,银行业的大环境正变得越来越复杂,他们的工作难度和压力上升到了前所未有的高度。

桥接内容

由于人们不是为了满足你的需求，而是出于自己的利益采取行动，你必须回答他们最想问的问题："我把时间花在你身上能得到什么好处？"如果你无法回答这个问题，你的邮件将没有任何效力。

这时，事先搜集客户资料的价值就体现出来了。如果你清楚对方正面临何种业务问题，你就该直截了当地在桥接内容中提及此事，并拿出你的解决方案。如果你不确定对方的具体问题，也可以根据与对方的职阶、当前状况和该行业普遍面临的问题作为桥接内容。

我们来看看布兰登是如何回答 WIIFM 问题的：

> 我们知道如何在保持产品高质量同时确保产品价格的竞争力。在此模型的引领下，我们连续三年跻身世界 5 000 强企业之列。

但我的反应依然是：那又怎样？谁不会自卖自夸？这和我的工作有什么关系？能带给我什么价值？他兴致勃勃地自夸了一番，却没给出任何理由说服我为何要把时间花在他身上。相比之下，戴夫很好地将标题、首句和相关表述结合为桥接内容，将劳伦斯的压力和自己提供的减压方案联系起来。总之，他出色地回答了劳伦斯的 WIIFM 问题。

最重要的是，他行文中的用词是银行 COO 非常熟悉的——利润、风险、资源分配、把风险降到最低……这证明了他了解对方所处的状况和面临的问题，拉近了与对方的距离。

> 我和我的团队致力于帮助您这样的 COO 降低工作复杂程度、减轻压力、规避风险、高效分配资源，降低意外发生的概率并使增长与收益最大化。

提出要求

想得到你想要的，你就得开口索要，并给对方提供满足你所需的便利。还是先来看看布兰登是怎么提要求的：

> 我想与你安排一下会谈时间，简单探讨我们将如何合作，顺便了解下你当前的项目或计划。按照你的日程表来就好，什么时候方便就跟我说一声。

布兰登这么说完全是在意料之中，毕竟他一直都在说他"想"干什么。"我想与你安排一下会谈时间，简单探讨我们将如何合作。"但在我看来，这句话就是"我要罗列一大堆我们产品的绝佳卖点，让你知道我们公司有多厉害，到时你只要闭嘴听我讲就好。对了，还有个好消息，这次会谈不收费！"

此外，他要我对着日程表安排时间，然后再告诉他。让潜在客户这么麻烦，这样真的好吗？就算真的想与他会谈，我大概也会把这事暂时放一边（一直推）。因为我不会特地为了一个销售修改日程表、拟定会谈时间。再来看看戴夫是怎么问的：

> 虽然我不知道我们提供的方案是否适用于您的银行，但我们何不见面会谈一次，让我更多地了解您所面临的独特挑战呢？根据您提供的信息，我们再决定是否需要进入下一步也无妨。
>
> 您觉得下周四下午 3 点进行会谈如何？

戴夫的表述出乎意料。他提前告知劳伦斯自己提供的方案未必适合他的银行。这完全与劳伦斯对一个销售人员的预判相反。越推销，客户离你越远。但出乎意料的表述，却能拉近买卖双方的距离。

接着，戴夫继续抛出既微妙又具有强大吸引力的内容，他说自己想要了解（也就是倾听）更多，这更加让劳伦斯欲罢不能。因为我们都想向愿意倾听的人讲述我们自己的故事。

"您面临的独特挑战"，是戴夫锁定胜局的最后一击。这会让劳伦斯觉得对方认为自己非常重要，因为人人都相信自己的境况是独特的。最后，戴夫还说会谈会很简短，这就是在暗示：如果发现不合适，我也不会强行要求你购买。这无疑减轻了劳伦斯的心理压力。

他还提供了精确的会谈日期和时间。这样劳伦斯就无须自己做决定，压力进一步减轻。

练习，练习，反复练习

事实上，撰写高效力的开发邮件并不容易。最困难的一点在于，你必须不再只想着自己的产品或服务。你要站在客户的角度思考，结合他们的境况，学习使用他们的语言。你还要养成调查客户背景的习惯，时刻留意影响客户决策、打开他们购买窗口期的触发性事件。

前进的路上，总有磕磕绊绊，你需要的就是坚持下来。你要不断练习，直到能流畅地写出效力强大、能把潜在客户转化为真正客户的开发邮件。

没有最佳发送时间

关于客户开发邮件，大家最喜欢问的问题是："发送邮件的最佳时间是何时？"与电访的最佳时间一样，可以有数不清的答案。有些专家说是早上，有些说是晚上，还有些说是闰年的周二下午 3 点 20 分。

其实，大部分所谓的答案都是毫无意义的杂音罢了。在我看来，潜在客户最有可能点开你的邮件、并采取行动的时间，就是发送邮件的最佳时间。

对大部分处理 B2B 业务的销售人员而言，发送邮件的最佳时间在 8:00 点到 13:00 点。因为这时大家的精力都比较充沛，且一般会在这一时段处理电子邮件。而处理 B2C 业务的销售人员，则可能需要根据客户具体的情况调整发送时间，尽量在他们最有可能读完你的邮件马上采取行动的时候发送。

有的智能邮件工具，可以帮你测出邮件的最佳发送时间。另外，邮箱的定时发送功能也不会让你错过发送邮件的最佳时间。

你要点击"发送"了？先停停！

我承认，我是个错别字大王。我敢肯定你在读这本书的过程中就发现了不少错别字。所以，我以过来人的身份，用一个中肯的建议结束这一章——如果你不想做无用功，请在点击"发送"之前，先停下，再仔细检查一遍邮件。曾几何时，我不假思索地点下"发送"，却铸成大错。我把充满排印错误、拼写错误和语法错误的电子邮件发给了潜在客户。

在点击"发送"之前，你要详细地检查邮件。把邮件通读几遍，过 10 分钟后又读一遍（相信我，你在这个过程中发现的错误足以让你大吃一惊）。如果是十分重要的邮件，我建议你打印下来，再检查纸质版的内容。

要知道，你发出的邮件展现的是你的专业素养和个人品牌。在点击"发送"之前，先停下，确保这封邮件能给对方留下正面印象。

第19章
小短信的大用处

如今,诸多即时通讯工具的出现似乎让手机短信被冷落了不少。很多人已经不习惯于用手机短信进行交流,但这并不意味着手机短信就可以退出历史舞台。对销售人员而言,手机短信是绝不能放弃的客户开发工具。

有时，我会故意发错短信。因为我想要与对方交谈。

——弗兰克·沃伦

下一次与朋友或家人聚会时，你不妨问问他们怎么看待销售人员用短信开发客户的行为。你的这个问题一定会引发一场咒骂横飞的争论，那时你完全可以在一旁悠闲地欣赏自己引发的好戏。当我的妻子得知我写的这一章是有关用短信开发客户时，就用愤怒的口吻对我说道："我真不敢相信你竟然教销售干这事！你真是个如假包换的魔鬼！"

在我主持的如何运用手机短信开发客户的讨论会上，也会有类似的反应。由于短信在所有客户开发渠道中仅处于相对次要的第三梯队，我也只是稍微提及一下这一概念。但即使是轻描淡写的谈论也会引发各种负面反应，从"我不认为这适用于我们的客户群"到纯粹的厌恶，不一而足。

我理解这种反应，因为谁都不想短信箱里充斥着销售发来的信息。

这一切都要归咎于一个既奇怪又具有讽刺意味的事实：手机短信作为一种交流方式，由于缺乏面对面交流时的情感连通性，本应不带有个人彩色；但人们却觉得手机短信是非常私密、个人化的交流方式。人们认为短信箱是手机上的圣地，不应受外界影响，不应充斥着垃圾推销信息。通过短信联系的人通常是我们熟识的人，就算用短信谈业务，对方通常也是我们很了解的人。

基于以上事实，Lead360 开展的一项研究表明：发短信既可以被当成一种销售人员与潜在客户高效交流的方式，也可以被当成一种出于商务目的、侵犯个人隐私的骚扰行为。

正因为短信是非常私人的交流方式，发送短信非常有可能引起客户的注意。又因为发送短信非常私人化，所以更讲究时机和技巧。

短信之所以能成为如此珍贵的开发渠道，是因为移动电话已经成为我们生活中最重要的交流设备。

Sales Gravy 公司办公室中的所有员工都通过 VoIP（Voice over Internet Protocol）网络电话互相连接，使得我们无论身在何处，都可以运用移动设备拨打电话。我们的办公桌上没有任何传统的听筒电话。VoIP 通话系统还整合到了我们的 CRM，使得我们可以轻松地通过台式电脑和手机应用程序收发短信，与潜在客户交流。

我们不是唯一一家这么干的公司。遍布全球的中小型企业都采用了这种系统。因为它既廉价，又能轻松地把各种形式的交流整合到同一个云端交流中心。

大型公司也转而使用基于台式电脑和手机应用程序的系统，把短信整合到完整的交流程序中。通过个人办公设备程序，员工就能在自己的手机上用打电话、发邮件和发手机短信等形式进行业务交流。

用短信与客户套近乎

我们会打电话、发邮件和当面会见陌生人，但我们极少发短信给陌生人。这需要你在发短信前考虑客户对你的熟悉程度。如果你在使用其他开发渠道后再向客户发送短信，短信生效（即让客户采取行动）的概率就会翻倍。

但这并不是说任何时候你都应该谨慎地使用短信联系客户。如果某位客户屡攻不破，你也已试遍了其他开发渠道，对方的购买窗口期又眼看就要过去。这时你不妨放手一搏，向对方发送短信。当你已没有退路时，即使可能会冒犯对方，也要发送短信，因为这个险值得冒。但无论在哪种情况下，用短信开发客户的成功率都不会太高。

短信会奏效的一个关键原因在于：对方已经有读短信内容和马上回复信息的意愿。这就是为什么客户对你的熟悉程度会极大地影响他们是否会回复你的短信（而不是把你发送的内容举报为垃圾信息）。

比起单独使用，把短信与更大的开发体系和开发战略相整合，开发效果会更好。Lead360 对 350 万潜在客户开发案例（来自超过四百多家公司）进行抽样调查后发现：使用单独发送短信的方式，客户开发的成功率只有 4.8%。如果信息内容不变，但换在电访后再发送短信，客户开发的成功率增加了 112.6%！为什么？因为有熟悉度法则（The Law of Familiarity）的存在。

如果你在发送短信之前先发一封电子邮件，或在社交媒体上先与对方互动，短信奏效的概率还会进一步上升。如果发短信之前你可以跟对方当面接触，达到的效果将会更好。总而言之，潜在客户对你越熟悉，短信的效力就越高。反之，客户对你越陌生，就越有可能把你的短信视为恼人的垃圾信息。人们都非常反感收到不认识的人发送的短信，如果信息来自销售人员，那更足以让人厌烦。

在社交场合上与刚结识的人进行互动后，也可以通过手机短信约定下一次会谈。社交场合包括展销会、贸易会议和其他你很有可能碰到潜在顾客的场合。在交流中，我们总会在结束谈话前含糊地向对方承诺以后找时间再聊。但由于你太忙,忘了向对方致电或发送电子邮件,又或是对方太忙忽略你的邮件、电话;也有可能是你的邮件早已淹没在对方杂乱的收件箱中。总之,这些模糊的承诺往往不会兑现。

但简单、快捷的手机短信就可以助你越过层层纷扰,直接引起客户的注意,然后约定会谈。如今大部分人都会把手机号码附注在商务名片上,所以你可以轻松地在谈话结束后跟进一条感谢短信,为进入下一步做好铺垫(图19.1)。具体步骤如下:

1. 在谈话中,如果对方含糊地同意日后再谈,你就随意地说:"那就好。下次会谈之前我们短信联系。"(只要谈话愉快,对方大都不会抗拒)

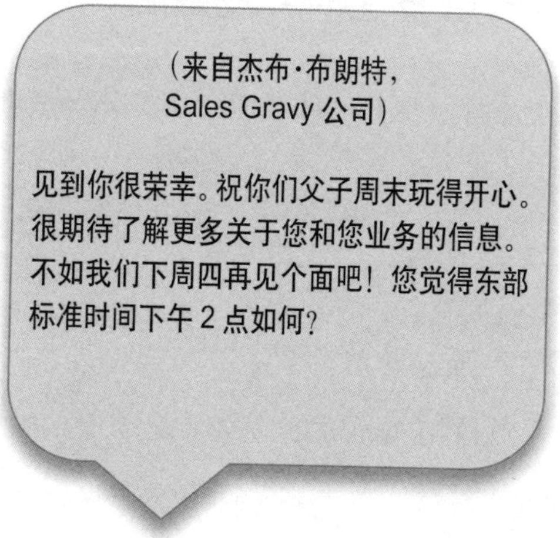

> (来自杰布·布朗特,Sales Gravy 公司)
>
> 见到你很荣幸。祝你们父子周末玩得开心。很期待了解更多关于您和您业务的信息。不如我们下周四再见个面吧!您觉得东部标准时间下午2点如何?

图 19.1 社交活动结束后的短信内容

2. 在和对方告别后,立刻在领英(或其他社交软件,比如微信、微博)上发送好友申请。这样能深化对方对你的印象,进而让对方记住你。

3. 在活动结束后的24小时内(如在外出差,就在48小时之内），向对方发送一条表示感谢的短信。你要根据之前在谈话中获悉的信息，在短信中提到与对方有关的内容。

4.如果你没收到回复，尝试一天之后再发一次。对方经常会因为不认识你的电话号码而无视你发送的第一条短信，当然，对方也有可能是太忙或外出没带手机。

5.如果第二次尝试也无果，就转而以电访和电子邮件的方式联系对方。继续发短信可能只会徒增对方的厌恶，完全没有必要。

附赠小贴士：养成在谈话结束后的一周内向对方邮寄手写信件的习惯，这绝对能够给对方留下深刻的印象。

什么时候发短信？触发性事件发生后！

触发性事件指的是打破现状、驱使客户采取行动的事件。比如潜在客户的竞争对手采取某种行动，削弱了他的竞争优势，他就很有可能会加大在营销自动化上的投资。如果你察觉到了触发性事件，就可以借此契机，通过短信联系潜在客户。

短信之所以适用于触发性事件，是因为触发性事件往往很突然，要求人们马上采取应对措施，而短信恰恰又是适用于紧急状况的联系方式。但请注意，就算你察觉到了触发性事件，也不能忘了熟悉度法则——在发送短信之前，你要确保对方知道你是谁。

我发明出了一种巧妙的办法，有助于察觉出客户的触发性事件——让自己成为一个信息源，给潜在客户带去有价值的信息，然后借此展开更深入的对话。但这需要一定的耐心和创意。

如果我与潜在客户有一定交情，或对方至少知道我是谁，我就会向他们发送与他们业务有关的文章（或资源）链接。这通常能让对方给我打电话过来,然后我就可以跟他们进行更深入的交谈。

如果我非常了解他们,但找不到任何适合发送的资讯,我就会发一条提及触发性事件的短信(图19.2),并询问他们业务进展情况。他们的回复也能带来更深入的交流。

> (来自杰布·布朗特,Sales Gravy 公司)
>
> 帕特里夏,我看到有公告说哈康(Halcon)公司正打算与 Remco 公司合并。想必你们那边也在议论此事。这篇文章可能会对你有帮助::www.salesgravy.com/leading-change,等你有空我们再见面聊。

图 19.2 触发性事件发生后的短信内容

持续战术,让对方没有说"不"的机会

短信是平衡开发法之一,可用以培养那些与你有了交集,但尚未进入购买窗口期的潜在客户。适时发送一条有价值的短信,是培养客户的不二法门,这样既能保持客户对你的熟悉度,又不会有冒犯之嫌。马特是一名卖云端商务智能程序的销售,他就能游刃有余地利用短信与我保持良好的关系。

马特与我的首次接触是在9个月之前,当时我们简单地聊了几分钟。他认为他销售的系统可帮助我的公司在营销渠道中取得最大收益,并

提高我们在广告上的投资回报率。他打给我的第一通电话处理得十分漂亮，所以我同意让他向我做一个产品展示。

马特的产品展示同样让我印象深刻，我非常欣赏他销售的系统和他的团队，但有两个问题使得我无法产生购买行为。

首先是时间问题，如果把他的系统整合到我们已有的自动营销系统中，需要花费近百个工作日，还要进行大量的调试工作。由于受过不少教训，我知道事情绝不会像他承诺的那样顺利。而且当时我们工作平台的技术更新已经进行了许久，我无法同时进行两个升级项目。

其次是开销问题。如果我们花费一笔巨款购买马特的系统，这笔开销必须要通过日后的自动化营销和开发潜在客户补偿回来。但由于我们已经在升级工作平台，即使他承诺投资回报率会有所上升，我还是不会考虑购买。

说实话，我完全被打动了（但我也和许多你的潜在客户一样，更倾向于舒舒服服地维持现状）。所以我对马特说："我觉得你的系统非常好，可我不会购买。但这并不意味着我永远都不会和你做生意，只是现在不行而已。"

马特挺聪明，他意识到我是高价值的潜在客户，因为我对他的软件有需求，而且具备购买力。但是，当时没有触发性事件驱使我购买。所以他开始有条不紊地通过电话、邮件、社交媒体和手机短信这4个渠道，培养与我这个潜在客户的关系。

他每个季度都会给我打电话，了解我正在进行哪些项目，并试探我的购买意愿。作为对电访的补充，他还会利用邮件和手机短信向我发送一些权威报告的链接，和一些他们公司的、且他觉得与我有关的产品更新情况。他还在Twitter上关注了我，并转发和收藏我发布的信息。

马特的短信战术十分高明，他用短信发送的都是最有价值的信息。由于他了解我的兴趣和我的公司，他经常用短信向我发送一些与我息息相关的文章链接，他也确信我愿意阅读。这些文章大部分都与他的产品毫无关系，但对我来说却很有价值。每当我收到这些短信时，我都会回一句"谢谢"。这进而会引发一小段有关兴趣爱好的对话（一般与运动有关），起到了保持双方联系的作用。他还不时会发条短信过来告诉我他很喜欢我的某篇文章或我在播客上的某段录音。

马特通过这种战术，持续地与我接触，培养着买卖双方的感情。他发送的信息之所以没有打扰到我，甚至会收到我的感谢回复，是因为这些短信的内容对我来说有价值、与我息息相关。由于他的努力，我一直记着马特和他的公司（我把他的事写入此书就是最好的证明）。如果我有购买智能商业软件的意向，也一定会先找他。

如果你的短信内容让对方觉得自己受到重视，那也会发挥良好作用。比如你可以向最近升职或获得奖项（荣誉）的客户发送一条简短的祝贺信息；也可以在短信中赞美他们最近编写的某篇文章、制作的某个视频或他们在社交媒体上发布的有趣信息。总之，能引起他们对你的注意就行。此方法配合在社交媒体上评论、点赞和转发他们的发布内容，会更加有效。

只要确保内容真诚、与对方有关且没有任何直接的推销语句，接触性短信一般会获得较为正面的回应。反正你的目标很简单：给潜在客户一个与你谈话的理由，让对方觉得自己受到重视。这样他们与你接触的概率就会增加。

七大法则，写出高效力短信

高效力短信的特征是简洁明了，能让对方瞬间采取行动。把需要表达的内容压缩成很短的一段话，要求你经过字斟句酌使之兼具创新性与关注度。以较少的字数表达高效力的内容，并不是一件易事。

以下是编写高效力短信的7大法则：

1. **表明你的身份**。永远不要自以为是地觉得你的潜在客户会在手机上保存你的联系方式。因为大多数情况下他们都不会这么做，你如果不在短信中表明身份，他们就不知道你是谁。所以，最佳做法就是在信息开头写上你和你公司的名字。

2. **内容很重要**。你表达的内容和方式，决定你的短信有多大效力。注意，不要采用容易被误解的语气，句子结构要完整，不要让对方觉得内容生硬唐突、尖酸刻薄或傲慢无礼。

3. **言简意赅地切入重点**。要用优美的句式、正确的拼写和文法，清晰准确地传达你要表达的内容。记住，你是在写专业的短信。请尽量把字数限制在250个字母以内，即1～4个短句。不要使用冗长的复杂句，也不要使用表情符号（小笑脸），一定要体现出专业素养。

4. **不要使用缩写词**。发给潜在客户的短信中不要出现缩写词。专业人士可不说"人艰不拆""城会玩"等词，况且对方也未必理解你想表达的意思。同样，你也要避免使用首字母缩写词和俚语。

5. **链接要透明**。人们都十分警惕简化的链接。与用邮件开发客户一样，如果你要通过URL链接与对方分享文章和资源，就得确保地址完整，这样对方才知道自己会点开什么网站。

6. **点击"发送"之前，再通读一遍**。要养成这种发短信的好习惯（不仅是手机短信，建议你在所有书面交流时都这么做）。

7. **了解你的数据**。无论你运用哪种开发渠道，都要注意记录数据，手机短信也不例外。记下自己每天发出了多少条短信、回复率是多少、成功定下了多少个会谈、敲定了多少笔交易。

切记：不要在驾驶时发短信！快把手机放下！

第20章
除了技巧,更需要意志

销售绝不是个轻松活儿,他不仅考验销售人员的业务技巧,也考验着销售人员的意志。能在销售这条路上走得长远的从业人员,都有着坚韧不拔的意志。坚韧不拔的意志不是天生的,是靠着后天努力练就的。想要做好销售,请先磨炼意志。

艰难之路，唯勇者行。

——谚语

销售是个又苦又累，让人操碎了心的职业。这是个残酷却又不容置疑的事实。做了销售之后，你随时面临着履行职责、拿出成绩的压力。如果办不到，你就会被解雇。在销售界，没人在乎你曾经有多么厉害，人们只看你今天创造了多少业绩。

狂热的客户开发者上班一小时被拒绝的次数，要比平庸的销售员一整年中被拒绝的次数还要多。事实上，大部分人在销售界的存活时间不会超过一分钟。因为他们对被拒绝的害怕程度已经超越死亡：宁愿饿死，也不愿打一通电话。

为何销售人员是商海里的佼佼者？因为销售业绩是公司其他雇员的工资来源；公司的老板和主管人员更是期盼着你达成漂亮的销售额，让股东们笑逐颜开。

简单来说，没有销售人员，就没有顾客，更没有利润，公司、团队也不复存在。如果把你的公司比做职业体育竞技团队，销售人员就是在赛场上激战的精英运动员,而其他人则是在场边提供支持的团队成员。

现在,我要你停止阅读,先在镜子前认真审视自己。你要认清自己的真实身份——你就是团队中的精英运动员。所有球队都会希望取得好成绩,你的公司也指望着你能把产品推向市场上。每当比赛的哨声吹响时,你都要准备好大干一场。

与顶尖运动员一样,你也需要经过艰苦的训练才能达到巅峰状态。但研究表明,运动员要长期保持巅峰状态,仅靠训练是不够的。而人们也都清楚,无论是商界的精英还是体育界的运动健将,他们还会通过实战不断成长。

但鲜有人知的是,能在比赛中勇夺冠军的运动员,往往有坚韧不拔的意志。

多项研究表明,坚韧不拔的意志比天赋、经验、教育程度、技巧都更重要。高压之下,有些运动员能过关斩将拿下桂冠,有的却败下阵来。意志的坚韧程度,就是取胜的关键因素。介于这一因素实在非常重要,我们公司在帮助客户招募优秀销售人员时,会采用名为"销售驱动力"的流程,专门测试候选人是否具备坚韧的意志力。

坚韧不拔的意志,有时又被认为是一种坚毅的品格。为何有些销售人员可以长期保持出众的业绩,而另一些与他们天赋相近的销售却总是无所建树?因为前者具备坚毅的品格,后者一遇到困难就变成了软脚虾。

詹姆斯·勒尔(James Loehr)是最早定义"成功心理学"的专家之一。根据他的描述,坚韧不拔的意志主要有以下 7 大要素:

1. 自信。
2. 对注意力的控制。

3. 最少的负能量。

4. 渐增的正能量。

5. 保持较高动机水平。

6. 对态度的控制。

7. 对所见与所想的控制。

近来，安吉拉·李·达克沃思①（Angela Lee Duckworth）关于坚毅的突破性研究（坚毅：对长远目标保持热情，是成功的先兆），让我们进一步认识到坚韧不拔的意志对取得成就的重要性。

所以说，要想成为佼佼者，你就必须磨砺出坚毅的品格。可喜的是，与由 DNA 决定的天赋与智力不同，坚韧不拔的品格可以通过后天的学习形成。其公式很简单：改变心态，就能反败为胜。

选择平庸，就是选择放弃

在销售工作中，你只能控制 3 件事：你的行动、你的反应和你的心态。

失败和平庸都是一种选择。

嗯，我听到反对意见了，有人说顶级销售人员靠的是与生俱来的天资，无法在后天努力炼成。我当然相信有些人拥有当会计师、全美橄榄球四分卫、领导者或销售人员的天资。

但我也坚信，成千上万的销售人员之所以会被淘汰，是因为他们自己选择了失败。没错，他们就是自己选择了失败。

选择庸常的行为习惯，注定只能取得平庸的结果。一旦你把平庸

---

① 宾夕法尼亚大学心理学教授，曾有 TED 演讲 "The key to success? Grit"（成功的钥匙？坚毅）。——译者注

的心态带到销售工作中，就不要妄想取得成就了。

因为选择了失败和平庸，许多的销售人员就有了频频跳槽的举动。即便接受了新公司的培训、指导，即便有使用辅导工具，这些销售人员最终还是会被淘汰。因为他们虽然具备了其他一切成功所需的条件，但唯独缺乏坚韧不拔的意志。

去年，我为 Sales Gravy 公司雇了一名广告销售，并为她提供了训练、指导、支持和潜在客户。她正式展开工作之后，我与她进行了深入地交谈。在交谈中，我给她打了一剂预防针——最开始的60天是最难熬的，要付出很大努力才能成功构建起销售渠道。我还告诉她，她会被拒绝很多次、会犯错、会在展示新产品的过程中遇到尴尬时刻。

这名新销售人员坚持了29天后，我接到了她的请辞电话。她说了许多理由（在我看来是借口）：工作压力让她不堪重负、她觉得工作毫无成果、也许广告销售不是最适合她的工作……我再次向她解释：刚接触新工作时肯定会有这种感受，只要她再坚持一小会，付出的努力肯定会得到回报。但去意已决的她还是辞职了。

交接之后，我们继续跟进那些已被她纳入销售渠道的潜在客户。我发现，她在那29天里的工作完成得非常好，我们几乎与所有她开发出来的客户都敲定了交易。她本可以从这些敲定的交易中获得7000美元的收入，结果她一分钱也没拿到。

有太多人在面临挑战时过早地选择了放弃，且是在快要成功时放弃，销售人员尤其如此。作为一名销售新人，应对各种新挑战的过程肯定非常辛苦，让人很有挫败感。在很多黑暗的日子里，你会觉得毫无希望，因为你感觉自己一切的努力都是徒劳。事实上，当你快要取得突破时，你身心俱疲，感觉事情变得越来越让人沮丧。这时，只有坚韧不拔的意志才能助你走完最后一程。

温斯顿·丘吉尔曾说："当你经过地狱时，别停下，继续前进。"

你要坚信，只要每天都做正确的事，终有一日会取得好的成果。信念，非常重要。有信念支撑着，即便暂时没取得成效，你也能够坚定不移地向目标前行。

坚毅的品格驱动着成功者不断向前。即便你怀疑自己，即便遭遇挫折、失败和尴尬，你也能凭借不变的决心继续前进。唯有坚毅，能让你在失意时拍拍身上的灰尘重新投入战斗；唯有坚毅，能让你在精疲力竭的情况下，咬紧牙关冲过终点线。

销售就是一件苦差事，开发客户也是件苦差事。但你必须得硬着头皮上。人人都想轻松地敲定交易，但大部分人不愿为此付出辛勤努力。不论做任何事，想要成功就必须先付出辛勤努力。销售工作中的辛勤努力即开发客户。如果你不肯付出努力，就不会在任何事情上取得过人的成就。

坚韧不拔的意志，指的是在被击倒后重新爬起的能力，是让你在逆境和失败中依然挺立的韧性，这是所有佼佼者的共同点。性格坚毅的人不会给自己注入负能量，他们懂得管控负面情绪，懂得无视那些说他们"办不到"的人，懂得把注意力集中在目标上。

这种坚毅造就了坚持不懈、不屈、韧性、奋斗的成功者心态。与普通人一样，商界、体育界、销售界等领域内的佼佼者们也承受着生理与心理上的煎熬。而他们之所以能够脱颖而出，是因为他们能够直面困难，打消临阵脱逃的念头。

有着坚韧不拔意志的人不会总是幻想着事情会变得简单，他们敢于直面让人厌恶的苦差事。在销售界，让人厌恶的事就是持续地开发客户。

在克里斯·克罗纳（Chris Croner）博士和理查德·亚伯拉罕（Richard Abraham）合著的《永远别雇差劲的销售人员》（*Never Hire a Bad Salesperson*）中，他们认为销售人员的坚韧意志主要体现在以下3点：

※ 乐观精神：当一个人被困难打倒在地，乐观精神能让他站起来。乐观精神是毅力之母，能让人产生源源不断的正能量，是一个积极信念系统的能量来源。

※ 好胜心：你也讨厌失败，渴望成功？由于不想沦为败犬，销售巨星们工作的时间比别人更久、更努力，为了成功会不择手段。好胜心是决心之母。

※ 对成就的渴求：心理学家亨利·默里（Henry Murray）把对成就的渴求定义为："会为难以完成的事不断付出高强度、持续久的努力；会一心一意地为达成高远的目标而努力，且有必胜的决心。"对成就的渴求是自我激励之母。

是什么支撑着销售？

在销售中形成并保持坚韧不拔意志的前提条件是什么？你该如何培养乐观精神、好胜心和对成就的渴望？你该采取哪些步骤，才能从今天开始就进入巅峰状态，加入到精英销售人员的队伍之中？

在我与数千名顶尖销售共事的过程中，我发现销售人员坚韧不拔的意志主要由四大支柱支撑着。

欲望

伟大的拿破仑曾说："一切丰功伟绩的起始点不是希望，不是愿望，而是欲望。超越一切的、剧烈颤动的欲望。"我的好友布莱恩·斯坦顿（Brian Stanton）也说过一句类似的话："欲望是销售行为之母。"

欲望是所有成就的起点。你必须从欲望出发，去为真正值得争取的东西而奋斗,否则你必将失败。有欲望,你才有动力,才能跨越各种障碍,拿出高水准的表现。不管怎么说,有目标就更容易塑造坚韧不拔的意志,形成自律力。

举例来说,如果你急需凑齐买房的首付,此时买房的欲望强于对其他一切事物的渴求。那么,你就会为此努力工作,以赚到更多提成。如果你想要争取公司销售精英嘉奖之旅的名额,你每天一大早就有动力拿起电话开发客户。如果你想被提拔为销售经理,你就会积极寻找办法从一众销售代表中脱颖而出。

但欲望只是起点而已。欲望就好比是火花,想让其燃成烈焰,你就需要清楚地知道自己想要什么、要去哪里。这要求你回答以下3个问题:

1. 你想要什么?
2. 为得到你想要的东西,你要制定什么计划?
3. 你有多想要那样东西?

就是这样。先明确自己想要什么,然后制订计划,再把计划写下来。不要给自己开空头支票,不要制定三分钟热度的目标,也不要抱有不切实际的幻想。请制定一些对你的职业和人生有现实意义的目标!

如果你自己没有计划,就会成为别人计划的一部分,现实就是这么残酷。你可以把人生的控制权掌握在自己手上,也可以让别人把你当做达成他们目标的踏脚石,选择权在你手上。

所以,从现在开始,坐下来,好好考虑下你自己的未来,明确并写下你想要什么。这是停止无意义行为的第一步。

写下目标、制订计划,这样你就无人可挡。当你白纸黑字地写下目标时,就在无形中产生了一股强大的动力。因为写好的计划能够督促你采取行动。你内心的某种力量开始驱使你一步步朝目标前进。就这样，在目标达成之前，你的计划永远不会被忽略。

在开发客户的过程中，你肯定会陷入逆境，遇到困难、障碍，还会被拒绝无数次。这让你感到很失望、失落。你会遇到无法绕过的高山和不得不打的硬仗；你的内心永远会有个在引诱你停下来的小恶魔；你也永远可以找到不做某件事的借口；你也总能选择安逸，不为长远的目标在今天付出努力。

这就解释了为何欲望的力量是如此强大。一个白纸黑字写下来，带有清晰步骤的计划能让你投入到行动中去。行动创造了向前的势头，当你借着这种势头进入超速状态时，你就能够飞跃拖延症、完美主义等各种陷阱。

为了帮助你制定目标，我编写了一本"目标制定练习本"，你可以在 FreeGoalSheet.com 上免费下载。

精神韧性

几年前，我家后院的一棵大树在风暴中被刮倒了，整个后院被弄得一片狼藉。但我却非常兴奋，觉得终于等到机会了！可能是由于DNA中有些与生俱来的"人机情节"，我一直想买把电锯。但问题是，我们家没东西可锯。因为那时我已经住进城市，都是用天然气取暖，不需要自己锯木材。

一大棵树倒在了后院，总得有人去把它清除了。我妻子让我雇些人把树搬走就好。但我对她的理性解决方案充耳不闻，径直去到五金铺，买了把全新的电锯和其他所需的附件。一眨眼的工夫，"城市勇士"装备准备工作完成。

※ 护手？入手。

※ 护目镜？入手。

※ 链条油？入手。

※ 机油？入手。

※ 只为让我看起来更酷的全新皮制工具腰带？入手。

※ 在我用电锯开道时帮我搬运树枝的14岁儿子？也已就位。

我拉拽了几下电绳，终于发动了电锯。引擎发出轰鸣，我仿佛手握一把神器，这感觉酷极了！这就是力量！

我在倒下的树旁又按了几下机油泵，让这庞大的对手知道谁才是老大，然后开始干正事。我向纠缠的树枝发起猛攻，机油燃烧的味道在空气中弥漫开来。我选择优先锯断那些较细的枝条，被锯断的树枝散落一地。新入手的电锯像热刀切黄油般削着巨木，这是一场人与大树的激战，而前者已经旗开得胜。

没想到，鏖战一小时后，我却逐渐败下阵来。大汗淋漓的我意识到，只把一小段主干切下来都得花好几个小时。我估算了下，按现在的速度，剩下的部分要花几天才能清理干净。

精疲力竭之下，我关掉了电锯，坐在后院的台阶上休息。接过妻子递给我的冰茶时，我无视了她脸上"我早说过会这样"的表情。

我儿子也意识到，按当前的速度，他等到天黑也不能回去打游戏了，于是他说："爸爸，或许你该把锯子磨锋利一些。"

我摇摇头，心想："这是把新买的电锯，锋利度肯定没问题。我觉得主要是因为树干比树枝要硬不少。"虽然没说出来，但我真不想又去五金铺一趟，只为买一件电锯磨具。再战一小时后，我又锯不动了，整个"工程"毫无进展。我不得不采纳了儿子的建议，开了10分钟的车去到五金铺，买了把电锯锉刀。

把电锯打磨了15分钟之后，它又能削"木"如泥了。我摇了摇头，觉得不可思议。如果我在电锯刚变钝时就打磨它，也许现在都完事了。

这不禁让我反思自己曾经陷入的困境。说实话，我曾经有许多"磨刀"的机会，但却放弃了。这件事让我意识到，尽管我为做大自己的事业付出了很多，但一直忽视了提升自己。

受到锯树的启发，我报名参加了研讨班，买了新书，并根据自己的需求关注了好几个博客。我由此学到了一些新技巧，这大大地影响了我的心态。

我感到内心能量充足、目标明确，且工作的动力成倍增长。在后来的几个月中，我的事业版图得到了极大地拓张——为了给日渐增长的团队腾出办公空间，我们又租了一间办公室。这就是我提升自己的直接效果。

那么你呢？你在哪个节点付出大量努力依然毫无进展？你多久没有"磨刀"了？多久没有放慢脚步，提升自己了？

成功的人士总在用增加实践经验、阅读书籍和磨炼自身技能等方式提升自己。他们明白，磨刀不误砍柴工。有时，你需要换一种方式努力。

在忙碌的当下，你可能会觉得自己没时间读书或参加讲习班（又或是没时间开车去五金铺买锉刀）。但要记住，在大多数情况下，停下来把刀磨快，能让你以更快的速度、更少的代价，得到意想不到的好结果。

自我升值

西塞罗（Cicero）曾说："修养之于心地，其重要犹如食物之于身体。"甘地说："要活就要像明天你就会死去一般活着，要学习就要好像你会永远活着一般学习。"无论是在工作中还是在生活中，你学到的知识比竞争对手多，就能获得比他们更高的收入。努力汲取更多知识的人会比别人更有积极性，他们的信念也更加坚定，进而更容易取得成功。

想成为一名销售精英吗？其中一个要义就是：在知识储备上超越你的竞争对手，了解更多与职业销售、你所在的行业、你所售卖的产品和服务有关的知识。

求知者懂得紧跟时代脚步，把金钱用以购买书籍、报名参加讲座和讲习班，确保自己的技能新锐过人。他们会订阅时事新闻、行业类杂志、关注相关博客、购买与销售相关的出版物，来确保自己走在行业的前沿。他们会在Twitter、领英等社交媒体上关注最优秀的专家，还会听播客和观看在线教学视频。

他们还会读书。不论你想知道什么，都可以在书中找到所有答案。书中自有黄金屋！如果你想学点什么或想精通某样东西，阅读即可。但让我神伤不已的是，有太多的人告诉我，他们就是不喜欢读书，甚至根本不会去读书。

对于不读书的销售人员，我没太多耐性。因为任何不读书的借口都是站不住脚的。如果你决定不阅读，你就是在限制自己的成长和收入。我绝不会对这种人抱有一丝同情。

阅读能助你思考得更透彻，能让你以全新的视角看待这个世界，能让你更加健谈，能促使你形成深刻洞见，还能提高你的写作技巧，扩充你的词汇量。

读书的销售人员，对顾客和公司来说，是更优质的资源。因为愿意读书的人如此之少，读书能让你成为不阅读之人（包括潜在客户）的专家，让他们向你（而非书籍）寻求建议。阅读还能助你构建自己的知识体系，储备解决问题的答案。

如今，书籍比以往的任何时期都更加廉价易得。现在，只要拥有一台移动设备，无论在哪，你都可以阅读。我是Kindle电子书和Audible有声书的忠实粉丝。还有许多其他购书平台供你选择，如苹果的阅读星（iBooks）、巴诺书店（Barnes & Noble）、亚马逊（Amazon）

和 Oyster 电子书。只需在智能手机上轻轻一点，就有数百万本的实体书、电子书和有声书供你挑选。有了有声书，我就可以把手机或平板接入车内的扩音器，在开车、遛狗或健身时听。

大量阅读的秘诀在于把阅读时间拆分为小段时间，每天 15 分钟就好。你可别小看其效果，坚持采用此方法的人会惊异于自己一年看完的本数。

请看以下的运算过程：

※ 一年有 52 个星期。

※ 我们假设你只会在工作日阅读专业书籍（非小说类），且有两个星期放假，期间不会阅读。

※ 这样你就剩下 250 天可以阅读专业书籍。

※ 250 乘以 15 等于 3 750。这意味着你一年有 3 750 分钟，即 62.5 小时的时间阅读与工作相关的书籍。

※ 与商务、销售或个人发展有关的书籍平均 2～3 小时就能读完，具体的时间视个人的阅读速度而定。这种书一本大概有 250 页、50 000 个单词，而成人的阅读速度大概是每分钟 300～500 个单词。

※ 开始计算：已知每天读 15 分钟的书，一年有 62.5 小时的阅读时间，读一本书要花 3 小时，这样你一年大概能读完 21 本和工作有关的书。

这个数字十分惊人。每天阅读 15 分钟，就能改变你的收入、你的人生。无论是在午休、等待客户、等飞机、等火车或任何空闲时刻，请掏出手机，打开阅读应用，读上几页。

你还要懂得巧妙利用开车的时间。一名内部销售人员每天花在路上的时间有 1～2 小时，而外部销售人员每天花在路上的时间为 4～5 小时。与其百无聊赖地听音乐或电台杂谈，何不利用这些时间提升自己？晚年的吉格·金克拉（Zig Ziglar）把这称作"车上的大学"（Automobile University）。

长期在驾车途中收听有教育意义的、与个人发展有关的音频，其效果不亚于在大学接受教育。这很容易做到，先在手机上安装有声书应用，然后下载有声书。如果你是 iPhone 用户，就安装播客应用（Podcasts）；如果你是安卓用户，就安装 Snitcher 应用，这样即可收听播客。

我是播客的忠实粉丝，因为它们可以免费使用。许多卓越的思想领袖和优秀作者都有精彩的播客，收听他们在播客开设的频道对你的职业发展很有帮助。记得订阅我的播客（iTunes 史上下载次数最多的销售播客），开车时就听听。

对销售人员来说，磨砺出坚韧不拔之意志的要义就是——把每个闲暇时刻都用来提升自己。

强健的体魄

要在销售工作中坚持开发客户，并承受大量的拒绝，要求你有充沛的精神能量储备。而精神能量的多寡，又会受限于你身体的强健程度。如果身体耐力不足，无法支撑工作强度，你就无法持续地胜出。

维持良好的身体状况有益于形成创造性思维、保持头脑清醒和塑造乐观心态，能让你更加灵敏、更具适应性，并帮助你在无尽的拒绝面前管控好自己的情绪。

除此之外，良好的身体状况还会大大提高你的自信心与热情——销售中最重要的两种情感。

强健的身体建立在三大基础之上。

经常锻炼

随着内部销售所占比重上升和交流方式的多元发展（视频通话、邮件、社交媒体），销售们外出走访的时间比以前少了许多。现在，职业销售们会长时间坐在办公桌前盯着电脑。

越来越多的证据表明，久坐不仅对身体健康有极大危害，还会对人的精神造成负面影响。研究表明，你坐着盯着电脑屏幕过久，包括大脑功能在内的一切身体机能都会变慢。

大量科学研究表明，每天锻炼半小时到一小时，能保持身体健康、减少患病概率，并提高免疫力。其实，大多数人每天都能抽出半小时来锻炼。除了要付诸实践之外，有时你还得动动脑筋。或许你并不需要一次性锻炼半小时。研究表明，每天锻炼 3 次，每次 10 分钟，效果等同，甚至要好于一次性锻炼半小时。

你可以选择去健身房、饭后散步或是在晚上下班后骑自行车回家，再加上每天做 50 个仰卧起坐和 50 个俯卧撑；到了周末，可以进行一些高强度的体育运动，或是远足一趟；如果你打高尔夫球，不要坐高尔夫球车，挥杆后自己背上器材步行前往落球点；找车位时，把车停在停车场靠后的位置，这样能多走几步；能走楼梯的话，就不要坐电梯了……你也可以在电访时段站着给客户打电话；在会议的休息时间也可以站起来走走，不要坐着跟人聊八卦。

事实上，即使每天的工作都很忙碌，我们依然有千百种方法完成一天半小时的运动量。运动的形式并不重要，只要你每天花半小时做能让自己出汗的事就好。

充足的睡眠

没有什么比睡眠更能影响你的身心健康。充足的睡眠可让你精力充沛、思维活跃、反应机敏、做事更有条理、记忆力更加强大。一个睡眠质量高的人，会由内而外地散发出一种自信感和挺拔感，且更有可能克服逆境。人每晚需要7～9个小时的睡眠时间，才能达到最佳状态。

但在当今社会，以牺牲睡眠为代价的工作却被标榜成一种光荣行为——这是我一直难以接受的事实。

长远来看，一旦你的睡眠不足，身体就会发出警报——免疫力低下、肥胖、情绪不稳定，而且患上心脏疾病的风险也会增加，寿命预期更会因此缩短。

短期来看，睡眠不足会严重影响你的认知能力和自控能力。你很容易生气，也无法集中精神，就连记忆力和自律力也有下降的趋势。

总而言之，如果睡眠不足，就很难有足够的精力应对客户开发。

健康饮食

在快节奏的销售工作中，吃得好，或许是一种奢侈。现场销售人员往往会吃营养价值欠佳的快餐；内部销售的抽屉里总藏着一包包薯片或糖果，他们吃这些东西时还会喝高糖的碳酸饮料。

吃垃圾食品，就好比给一部性能卓越的赛车加劣质的汽油。要想练就坚韧不拔的意志和强健的体魄，让自己在销售工作中保持巅峰状态，你就必须给自己的"油箱"添加经过严格筛选的燃料。

健康地饮食，也是一种自我选择。但如果你睡眠不足或缺乏运动，通常也做不到健康饮食。可喜的是，现在即便是快餐店，也能提供健康的餐点。只要有自律力，就能轻松地在街上找到有营养的食物。当然，你也可以在家自行烹饪健康的饭菜。

但不论你吃什么，一定要吃早餐。早餐是一天中最重要的一顿饭。早餐能促进你的新陈代谢、为乐观心态补充能量，并助你以充满能量的客户开发时段开始新的一天。

相信自己会赢

你相信什么，就决定了你是谁。你的信念要么能让你朝着成功不断迈进，要么会让你与成功渐行渐远。信念影响态度，而对于销售工作来说，态度决定一切。如果你任由对开发客户的恐惧和排斥感融入自己的工作态度之中，当然只会意志消沉。

因此，没有强大的信念，坚韧不拔的意志就无从谈起。在我周游世界的过程中，我发现积极乐观的人，都会有以下两个信念：

1. 相信自己会赢。
2. 相信一切都事出有因。

内心坚信自己会取得胜利的人，要比预期自己会失败的人更容易取得胜利。他们在开发过程中能够自信地向客户提出要求，而且往往能达成自己的目标，比别人敲定更多的交易。

而相信每件事情都事出有因的人，即便在面对潜在的风险时，也能够保持乐观心态。他们遭遇挫折时不会抱怨说："为什么倒霉的总是我？"而是会自问："我能从中吸取什么教训？"

换句话说，如果你相信命运掌握在自己手上，你就不会再害怕失败与拒绝。因为你相信失败是学习和成长的必经之路，经历过失败才能变得更优秀。

由于人性的弱点，人的信念会时强时弱。有时你甚至已深陷负面情绪中，自己却浑然不知。直到某天，别人看出来了，并告知你需要调整自己的态度。销售工作中的表现最能检验你的态度端正与否，态度不端正的人，不会在竞争中处于优势。

保证正确的态度关键是要有自我意识。如果你感到注意力不集中、言语中流露出负面情绪或有人说你态度很恶劣，你就该意识到是时候采取行动了。

远离损友。可怜虫们很爱跟"病友"（充满负能量的人）待在一起。近墨者黑，这些人只会扭曲你的正确态度。所以要远离损友，与能够促进自己积极向上的人结伴。

改变自我对话的内容。每个人内心都有一个声音，它无时无刻不在跟自己讲话。你在内心跟自己说什么，反映为你外在的态度和行动。停下来，听清楚内心的声音。如果你发现自己沉浸在顾影自怜、指责环境、自我否定中，那是时候改变自我对话的内容了。因为你并没有这个本钱。

改变接收的信息。你接收什么，就会输出什么。如果你读的、看的、听的，都是些负面的，你的态度肯定会受到影响。把视线从各种新闻中转移出来，关掉脱口秀广播节目，让大脑接收一些积极的信息。这样你的态度就会回到正常值。

不要沉浸在失败之中。没错，你是输了、败了、遭遇挫折了。有些人在经历失败后，会在头脑中一遍又一遍地回想失败的过程，让自己完全沉浸在失败之中。如果你也如此，就该接受失败的馈赠，把受到的伤害转换为前进的动力，让自己更加强大。别再浪费精力回放失败，要学会让失败驱使你向下一个目标前进。你的经历并不能决定你是谁，你如何处理经历过的事，才能定义你的态度。每当遇上逆境或事情不如意时，你都要做出选择。你可以自怨自艾、满腹牢骚，也可以从逆境中吸取教训、借机成长。

懂得感恩。感恩之情是积极态度的基石，是点燃自我动力的火花，是获得幸福的要义之一。我们不仅要感恩自己所拥有的、曾被赠予的、遇上的机会、别人的帮助，也要感激失败和逆境让我们学到更多。

销售精英都很感激自己走上了销售这条职业道路，这个职业让他们比几乎身边所有人都更加博学。对障碍和挑战的感恩之情让他们得以从中吸取教训，变得更加强大。对顾客和潜在客户的感谢促使他们取得收入。他们对给自己开具佣金支票的公司也怀着感恩之心。他们不仅感谢那些启发自己提升自我的好老板，也感谢糟糕的雇主让他们明白什么不该做。

有意识地提醒自己要懂得感恩，最终你也可以由衷地产生感恩之情，进而让自己拥有更积极的态度。

永远寻找更高的目标

也许你率先完成了任务指标，已经在欢呼庆祝。也许在过去的一年、一个季度或一个月中，你取得了相当耀眼的成绩。你收获了赞誉、奖赏、精英之旅名额、同辈们羡慕的目光或巨额的佣金支票。

你可能会问自己："我还能取得比这更棒的成绩吗？"

当你把那张巨额支票兑换成现金，在沙滩上悠然自得或在全国销售会议上领取奖品时，记住：今天的胜利并不是你成为明天的赢家的担保。

当你付出了如此多的努力后，自然会认为自己达到了职业顶峰。

然后，你会感到满足，觉得自己可以在顶峰上一览众山小。你还会如释重负地长吁一口气，暗想自己在今后的很长时间内，都不会取得比这更好的成绩。

你当然可以休息片刻，享受聚光灯之下的优越感，祝贺自己取得了优秀的成绩。但千万不要以为自己往后都不会取得比这更好的成绩。

我的建议是：当你屈居第二时，向位列第一的人发起挑战。当你是第一时，向自己发起挑战。

在销售工作中，你没有时间自鸣得意，你也没有资本和已经被你甩在身后的人做对比。通过降低自己的期望，来获得满足感是十足的愚行。

相反，你要给自己设定更高的新目标、难度更大的新挑战，这样你才能不断进步。原地踏步者，就会受到 30 天法则的惩戒。

表现不佳、身处逆境的人喜欢不断地弥补缺点来提升自我，暂时的赢家们通常需要具备极高的自律力，才能做到不满于现状，长久地保持领先地位。全美橄榄球联盟的伟大四分卫史蒂夫·扬（Steve Young）曾说："我做人的原则就是不断挑战自我、提高自我，让今天的自己比昨天更加强大。"

所有的顶尖运动员和顶尖销售都这么做。真正的赢家们都在锲而不舍地挑战自我。他们对自己的表现吹毛求疵，总想做到更好。他们把每一次的胜利都看做是通往新目标的一小步。正是因为不断追求更优异的表现，他们才能成为精英中的精英。他们不仅是今天的赢家，更是明日的冠军。

结　语

你到底有多想赢

> 有些人可以持续地完成目标，另一些人无论是生活还是工作都不尽如人意，二者的区别是什么？区别就在于工作中超额完成的部分。
>
> ——加里·瑞安·布莱尔

改变我人生的 12 个字

我已经不记得是在哪里看到这改变我销售生涯的 12 个字，它们仍时常萦绕在我耳际：

到了下班时间，再打一通电话。

我把这句话写在小卡片上，贴在了办公桌上。在我开车上门拜访客户前，总会先看一眼这张卡片。

每当我因难以拿下客户而苦恼不已时，每当我身心俱疲时，每当我找到极好的理由提早下班时，这12个字总会在我脑中回荡。"到了下班时间，再打一通电话"，它仿佛是魔咒一样，总能驱使我多打一通（有时甚至是两通、三通，甚至四通）电话。

这些额外的电话产生了超乎想象的效果。有数不清的交易最终是在"多打一通电话"中敲定的。这些额外电话也让我有了卓越的工作表现和不菲的收入。如果我没有强迫自己多打一通电话的自律力，我永远也无法获得如此高的收入。

多年以来，我都会和我共事的销售人员分享这条神奇的魔咒。现在，我也把它分享给接受我培训的销售新手。我时不时会在周五下午接到电话、短信和邮件，其内容往往是：

"嗨！杰布！我要跟你说件难以置信的事。正当我准备放弃时，我决定多打一通电话。你猜怎么着？接电话的那家伙居然直接就买了！你相信吗？"

在全球范围内，每天都有数不清的销售们会碰上这种意外的好运气，因为他们能够狂热地多打一通电话。

狂热开发者的自律力，使得他们能够承担销售工作中的苦累。这些顶尖销售们会不会感到身心俱疲、又累又饿？当然会！他们有没有决心动摇，想要放弃然后打道回府的时候？当然有！这些成功的销售是不是很喜欢开发客户？当然不是！他们对这些工作的厌恶程度丝毫不亚于那些被淘汰的销售人员。

但顶尖的销售们明白：要取得最大的成功，他们就必须先付出大量努力、做出大量牺牲、硬着头皮干他们讨厌的事，并坚持多打一通电话。

唯一重要的问题

我儿子在小镇的中学校橄榄球队担任接球手。在美国，橄榄球不仅是游戏，更是一种信仰。周五晚上，灯光下的球场恍若神圣的大教堂。对于参赛的选手们来说，没有比知道自己几乎不可能赢下比赛更糟糕的事。

"后院干架"（Backyard Brawl）是校队与隔壁小镇之间约定俗成的新赛季第一场比赛。每一次"后院干架"时，我们的心态都像上一段所描述的那样。

在我们与隔壁小镇刚产生竞争关系的初期，比赛双方是势均力敌的。但随着时间流逝，隔壁小镇的经济增长带动了他们橄榄球队规模的扩张。他们获得了更多的资源、赞助和球员。他们的球场非常漂亮，还有一大群的啦啦队。这就是在与他们的"后院干架"中，我们已经六连败的主要原因。

作为家长观赛团中的一员，每当我在周五晚走进对方的体育馆，走过他们修剪整齐的场地，穿过他们人数庞大的啦啦队时，我总是感到取胜的希望非常渺茫。家长们都知道比赛会有什么结果，所以我们已经准备好再吃一记败仗和赛后用来激励孩子的陈词滥调。

往场地中央一看，对面的选手比我们的孩子更高大、更强壮、更敏捷，而且他们替补席上的人数完全超过了我方。这种场面十分具有威吓力，随便谁看就会迅速得出结论：我们这队毫无胜算。

比赛哨声吹响，我们的第一次进攻就被他们悉数化解。家长们暗暗叹气，队员们开始有了负面情绪。下一波进攻开始了，对面有组织地朝着我们的腹地挺近。这时我们的教练开始在场边呐喊："你们有多想赢？伙计们！你们到底有多想赢？"

于是我方校队开始阻击对方，并成功让他们停下，接着逼迫他们凌空把球踢走——这简直出乎所有人的预料。然而，并不包括我们的球员。当我们队的年轻人意识到他们可以跟量级比自己大许多的对手正面抵抗，而不是被碾压时，他们进行了有针对性的练习。于是，就有了眼前的这个场景。

在备战比赛的三个月中，我们的球员和教练们花了大量时间观看录影，比以往任何时候都更加努力地训练。博（Bo）是队伍的主教练，他让队员们观看上一赛季的比赛录像，指出他们的不足。他还展开了"臭名昭著"的雪橇特训——为了让队员们在精神上胜过对手，博让他们推动一条加了重物的雪橇，一天推6次，这象征着输掉的6场比赛！推动负重的雪橇很辛苦，博就是要通过这种方式让孩子们在精神上变得坚韧不拔。博深知，孩子们最怕的就是推雪橇。在孩子们眼里，没有什么事比再输一场比赛后变成每天要推7次雪橇更糟糕了。

处于劣势的我方队员们渐入佳境，把曾经巨人般的对手当成了实力相当的对手，一次又一次地成功阻挡了对方的进攻。孩子们在防守线后方拦截对手，挡下对方本可以触地得分的球，甚至屡次擒杀对方攻击手，让对方在保护区内如履薄冰。孩子们还踢出了直落对方球门区的凌空球。每一次成功阻击，"你们有多想赢"这句话就变得更有意义。

对方的各式进攻，都被我们奇迹般地一一化解。然后我们的校队得分了！我们的跑锋冲破了对方的拦截，进入了对方的腹地，并且努力保持着平衡没有倒下。在跑锋前方，另外一名球员负责阻拦对方防守的球员。当跑锋冲过球门线时，我们起立爆发出震天动地欢呼声。我们拿下了第一分！

对方惊呆了，他们完全没料到这种情况。在他们看来，击败我们应该是手到擒来的事情。甚至在比赛开始之前，他们就觉得已经拿下了比赛。中场休息时，对方球员低着头返回了更衣室，他们的啦啦队也沉默了。

我们在攻守两端都发挥得极为出色的队员，则一路小跑着离开了场地。在生理上他们已疲惫不堪，毒辣的阳光让他们吃了不少苦头。但在精神上，他们士气高涨。因为他们很想赢。

下半场一开始，对方抓住了我们一次拦截失误的机会，带球突破到我们的五码线上。但孩子们在红区里成功阻挡了对方的进攻，并抢回了控球权，相当不可思议！

接下来的30分钟，双方进行着激烈的拉锯战，不断互易攻守。对方动用了能想到的一切进攻手段。但每一次我们都能守住阵线，化解攻势。

但在比赛只剩下2分钟时，我们丢掉了控球权。对方在千钧一发的时刻再次展现出势不可挡的进攻态势——他们冲过一道又一道防线，带球直冲我方腹地。孩子们当时已筋疲力尽，达到了体能的极限。博在场边大喊道："再来一次！再拦截一次！你们有多想赢？"

我们终于挡下了他们的第三次进攻，但他们居然还有再发起一次进攻的时间，还能利用5秒发起第四次进攻。这是决定鹿死谁手的5秒，两队的球员都严阵以待。

胶着的气氛让每个人都透不过气。还有5秒，对方还有发起最后一击的机会。主教练（博）再次呐喊："你们有多想赢？伙计们！你们有多想赢？"

他们的四分卫退回保护区，绝望地搜寻己方的接球员。找到目标后，他手臂往后一挥，从我们的15码线上把球掷出。一切进入慢动作模式，橄榄球在空中回旋，慢到似乎永远不会落地。他们的头号接球手高高跃起，手臂与手指伸展到极限，倾尽全力想要接住这一记完美的空中传球。我们人数不足的防守队员竭力地往落球点奔跑，不顾一切地阻止对方接球。

在那一瞬间，全场观众都静默了，好像时间停止了流逝，那一刻就是永恒。眼看他们的接球手就要接到球，然后突入我们的球门区。我脑海中又回响起博的声音："你们有多想赢？伙计们！你们到底有多想赢？"

在电光火石之间，我方一个防守球员的手臂高高举起，碰到了橄榄球，改变了球的轨迹！对方的接球员与橄榄球失之交臂。球落在了球门后方，滚动几下之后，停下来了。我们瞬间爆发出震耳欲聋的欢呼声！孩子们的家长简直像疯了一般，在大叫中手舞足蹈、相互拥抱、祝贺。孩子们完成了不可能完成的任务，他们赢下了"后院干架"！

在工作和生活中，总会有某个竞争对手比你更强大、更聪明、更迅捷，总会有似乎不可能解决的难题让你感到困扰。总之，在通往目标的路上，我们肯定会遇到无法绕过的高山和不得不打的攻坚战。

我儿子所在的橄榄球队再一次证明了伟大团队里的伟大个人一直明白的道理：

当你面临挑战，或处于一场比赛时，你的身材、训练、资源、经验、来头、等级、智商等，统统都不是关键。这些只是你为自己开脱的借口，是你因不愿做某件事而找的理由。而借口，就是你逡巡不前的原因。

所以，当你面对难以战胜的巨人时，当你面临恐惧、身处逆境，可以选择打道回府或是再打一通电话时，唯一重要的问题是：

你到底有多想赢？

特别提示：可免费获取的客户开发资源

在我写就的 7 部书中，属本书的篇幅最长。但本书仍不足以记叙所有客户开发必备的知识。随着技术的不断发展，各种科技产品也在快速地更迭。我必须有个专门的地方发布有关新工具、新趋势、新技巧的信息，帮助你在开发客户的过程中占据优势。

所以我制作 FanaticalProspecting.com 这个网站（浏览权限代码：2BZR37AG）。你在上面可以找到许多免费的教程、文章、播客、视频、虚拟训练计划、报告等，这些资料不仅是对此书的补充，还能够扩充你的知识库。为感谢您购买本书，我将这一网站介绍给你们。

致　谢

过去的 10 年里，我屡次尝试编写本书。但每当我尝试如实写下自己所做、所想的东西时，就会苦于找不到合适的词句。因此，我转而写了另外 6 部书。

要用词句表达那驱使我成为销售精英和企业家的知识，非常不易。我觉得自己之所以会在编写本书的过程中遇到如此多的坎坷，部分原因是狂热开发者已深深地嵌入了我的灵魂。对我而言，狂热开发者不是一个抽象概念，而是我能量的源泉。

另一方面，或许是此前的时机都未成熟。如今，出版本书的所有条件都齐全了。不仅有让我灵光乍现的销售人员，还有合适的编辑、出版社、读者和恰到好处的商业环境。我要感谢所有参与到本书制作过程中的人，包括我的家人、朋友、员工、客户、导师和约翰·威立父子公司的团队（John Wiley & Sons）。

首先，我要感激我的编辑利亚·奥塔维亚诺（Lia Ottaviano），你的热情带给我很大动力。当我遭受挫折或因写作精疲力竭时，你的话语总能让我重新鼓起干劲。谢谢你的激励，我已迫不及待地想要与你合作下一部书了。

如果你的配偶是位作者，你肯定知道每天听着他讲一大堆和正在写的书有关的事情是多么乏味、无聊。在交稿日临近时，你肯定也感受到了他的焦虑。当他觉得自己迄今所写的都是些没人会看的垃圾时，你依然陪在他身边。我要感谢卡丽（Carrie），我美丽的妻子，谢谢你一路的陪伴。感谢你在我过去一年的创作过程中对我的照顾，感谢你在我把大部分注意力用来编写本书时，操持好家里的一切。没有你，本书就不可能完成。我爱你！

杰克·米切尔（Jack Mitchell）既是我的朋友，也是我的客户。过去的几年里，每次我与他交谈，他总会问："那本书进展怎样了？"杰克，你肯定不知道你对这本书的浓厚兴趣对我有多大的促进作用。谢谢你！

也谢谢约迪·巴格韦尔（Jodi Bagwell）促使我终于完成此书。

卢克·德塞萨雷（Luke Decesare）、洛里·西尔维斯特（Lori Sylvester），你们好比是本书的催化剂。多亏了你们，我才开始编写本书。与你们共事的3年里真是乐趣无穷，很高兴我们能成为朋友。谢谢你们！

还有丹·奥博伊尔（Dan O'Boyle）、阿特·瓦莱利（Art Vallely）和里克·斯拉瑟（Rick Slusser），谢谢你们对我的信任。谢谢你们给予我机会，让我与你们的团队在潘世奇（Penske）共事。你在结婚周年旅游时追着货车跑到酒店的经历体现了狂热开发者的精神，这对我来说是无价的珍贵记忆！

安迪·费尔德曼（Andy Feldman），感谢你对本书表现出的热情，我们正在共筑一些非常独特的东西。

感谢克里斯·格雷迪格（Chris Gredig）和整个Accu系统（AccuSystems）团队推动本书走完出版前的最后流程。

感谢安东尼·伊安纳里诺（Anthony Iannarino）、马克·亨特（Mark Hunter）、迈尔斯·奥斯汀（Miles Austin）、约翰·斯彭斯（John Spence）和迈克·温伯格（Mike Weinberg）让我加入你们的策划团队。

与你们共事让我收获良多,你们让我变得比以前更加机敏、专注。迈克,谢谢你为本书作序,内容很鼓舞人心!

格雷格·德里(Greg Derry),谢谢你"允许"我转述你的故事。常联系,以后我还要多多"惠顾"。

还有布莱恩·斯坦顿(Brian Stanton)和大卫·潘内尔(David Pannell),我爱死你们了。我们在 Onea Weekville 开始了本书的创作,没有你们,本书也不可能完成。

还有布鲁克·考克斯韦尔(Brooke Coxwell)、阿普里尔·赫夫(April Huff)、布拉德·亚当斯(Brad Adams)和凯莉·威尔彻(Kayleigh Wilcher),是你们让本书有完成的可能,谢谢你们所做的一切。

最后,我谨以本书献给鲍勃·布莱克韦尔(Bob Blackwell)。在我心中,他是这个星球上最棒的销售人员之一。鲍勃曾是我的销售经理。做他的部下非常辛苦,因为他从不讲废话,专注于训练下属的基本功。

鲍勃打磨了我粗糙的销售天赋,让我蜕变为一名职业销售。是他教会了我在销售界获得成功所需的职业技能。在鲍勃的指导下,我学会了开发客户、把控销售流程和敲定交易。鲍勃对我的恩情,我永远也还不清。

能与鲍勃共事是我与我的家庭经历过的最美好的事情。

"iHappy书友会"会员申请表

姓　名（以身份证为准）：_____； 性　别：_____；
年　龄：_____； 职　业：_____；
手机号码：_____； E-mail：_____；
邮寄地址：_____； 邮政编码：_____；
微信账号：_____（选填）

请严格按上述格式将相关信息发邮件至中资海派"iHappy书友会"会员服务部。
　　邮　箱：szmiss@126.com
　　微信联系方式：请扫描二维码或查找zzhpszpublishing关注"中资海派图书"

优惠订购	订阅人		部　门		单位名称	
	地　址					
	电　话				传　真	
	电子邮箱			公司网址		邮　编
	订购书目					
	付款方式	邮局汇款	中资海派商务管理(深圳)有限公司 中国深圳银湖路中国脑库A栋四楼　　　邮编：518029			
		银行电汇或转账	户　名：中资海派商务管理(深圳)有限公司 开户行：招行深圳科苑支行 账　号：8157814257 1000 1 交通银行卡户名：桂林　　卡　号：6222601310006765820			
	附注	1. 请将订阅单连同汇款单影印件传真或邮寄，以凭办理。 2. 订阅单请用正楷填写清楚，以便以最快方式送达。 3. 咨询热线：0755-25970306转158、168　传　真：0755-25970309转825 E-mail：szmiss@126.com				

→利用本订购单订购一律享受九折特价优惠。

→团购30本以上八五折优惠。